Ingeborg Schödl

Florian Kuntner –
vom Lausbuben zum Bischof

Ingeborg Schödl

# FLORIAN KUNTNER

## Vom Lausbuben zum Bischof

Tyrolia-Verlag · Innsbruck-Wien

Mitglied der Verlagsgruppe „engagement"

2017
© Verlagsanstalt Tyrolia, Innsbruck
Umschlaggestaltung: Tyrolia
unter Verwendung eines Bildes von Walter Büchele, Amstetten
Layout und digitale Gestaltung: Tyrolia-Verlag
Druck und Bindung: FINIDR, Tschechien
ISBN 978-3-7022-3590-1
E-Mail: buchverlag@tyrolia.at
Internet: www.tyrolia-verlag.at

# Inhalt

# Vorwort

Eine Biografie über Weihbischof Florian Kuntner ist längst fällig. Ingeborg Schödl legt sie vor. Die Autorin hat, wie bei allen ihren Publikationen, akribisch genau recherchiert und interviewte auch die engsten Mitarbeiter des Bischofs.

Schon wenige Tage nach der Beisetzung des Bischofs im Jahre 1994 beschloss der Freundeskreis um ihn, jährlich seinen Todestag als „Kuntner-Tag" zu begehen. Es sollte aber mehr sein als ein Gedenken! Die Gemeinden sollten dadurch angespornt werden, im Sinne des Bischofs nicht nur an ihrer Erneuerung zu wirken, sondern auch Initiativen für Partnerschaften mit den Ländern des „Südens" zu setzen. Als Anerkennung wurde ein „Kuntner-Preis" ausgeschrieben.

Das Hauptanliegen des Bischofs war „Die Sorge um die Gemeinde". Seine Vision: Die Gemeinden sollten ermächtigt werden, auf eigenen Füßen zu stehen und im vollen Sinn eigenverantwortlich zu sein.

Dieser Vision widmete er sich als Weihbischof der Erzdiözese Wien. Er ahnte prophetisch voraus, dass eigenständige Gemeinden in Zukunft die große Herausforderung sein würden. In dieser Hinsicht war er im Gleichklang mit den Basisgemeinden in anderen Erdteilen.

Die Ernennung zum Nationaldirektor der Päpstlichen Missionswerke, übrigens angeregt durch Weihbischof Helmut Krätzl, und der Vorsitz in verschiedenen kirchlichen Gremien für Mission und Entwicklung dehnten seinen Wirkungskreis weltweit aus. Er studierte Gemeindemodelle vor Ort, lud Bischöfe nach Wien ein und veranstaltete für die Priester und PastoralassistentInnen „Pastoralsynoden" (wie er sie nannte) in Wiener Neustadt.

Bischof Florian stürzte sich geradezu „entfesselt" in seine Arbeit. Vielleicht hat er geahnt, dass seine Wirkungszeit bemessen war. Er schloss auf Reisen, die er aus der eigenen Tasche finanzierte, Freundschaften mit Bischöfen in aller Welt. In Österreich rissen sich die Medien um seine offenen und oft pointierten Aussagen, viele Menschen wollten ihn sprechen, heimlich holten sich Politiker bei ihm Rat.

Trotz des Arbeitspensums und vieler Verpflichtungen behielt er seinen Humor, wie viele Anekdoten bezeugen. Seinen Freundeskreis überraschte er immer wieder, indem er sie zur Verkostung seiner Kochkünste einlud.

Er war sich aber seiner Grenzen bewusst und gestand demütig, auf das Fachwissen seiner Mitarbeiter angewiesen zu sein. Mitunter wurde sein Vertrauen ausgenützt und der gute Bischof geriet in Erklärungsnot, zudem holte er sich den Ruf ein, blauäugig und naiv zu sein. Als sein Generalsekretär und engster Mitarbeiter bei den Päpstlichen Missionswerken konnte ich mich jedoch überzeugen, dass er mit der Zeit vorsichtiger wurde, genauer prüfte und sich jeweils sein eigenes Urteil bildete und über den Dingen stand.

Wo es ihm angebracht schien, preschte er mutig vor. So reiste er nach Rom, um den Papst auf den Schaden in Österreich aufgrund gewisser Bischofsernennungen aufmerksam zu machen. An die römische Missionskongregation stellte er Fragen, die nicht gestellt werden durften. Da Amtskollegen aus Übersee es nicht wagten, ihre Probleme offen anzusprechen, tat es Bischof Florian für sie. All dies erregte römisches Missfallen, sodass er an verschiedenen Stellen zur „persona non grata" wurde.

Wer zur Biografie von Ingeborg Schödl greift, freut sich hoffentlich nicht nur, über diesen „Ausnahmebischof" mehr zu erfahren, sondern wird auch angeregt, seinem Beispiel zu folgen.

*P. Jakob Mitterhöfer SVD*

# 1. Kapitel:

# Der Lausbua wird geistlicher Herr

Dem Volksmund nach sind es „1000 Buckln", die sich im Südosten Niederösterreichs, nur getrennt durch tiefe Täler, aneinanderreihen. Gezählt hat sie sicher noch niemand, aber ihren Namen hat diese zwischen Wechsel und Semmering gelegene Hügellandschaft dadurch bekommen. Die Bucklige Welt ist ein geschichtsträchtiger und auch von seiner Lage her oft umkämpfter Boden. Der Bogen spannt sich von den Osmanen, die aus der Ungarischen Tiefebene kommend hier eindrangen, bis zu den ungarischen Freischärlern, die 1921 im „Gefecht von Kirchschlag" die Eingliederung von Deutsch-Westungarn (heute Burgenland) in die Erste Republik Deutschösterreich verhindern wollten. Ebenfalls bei Kirchschlag erreichte am 30. März 1945, einem Karfreitag, die russische Armee erstmals niederösterreichischen Boden und errichtete in Hochwolkersdorf ihre Kommandostelle.

Für geschichtlich interessierte Besucher hat die Bucklige Welt daher einiges zu bieten. Die sogenannte Wehrkirchenstraße führt als riesiges Freiluftmuseum nicht nur zu geschichtlich bedeutenden Orten und Burgen, sondern vor allem zu Kirchen und Kapellen, in denen die Bevölkerung Schutz in kriegerischen Zeiten suchte oder diese als Dank für die Errettung errichten ließ.

Am „Hexenweg" kann man nicht nur die Grausamkeiten der Hexenverfolgung nachvollziehen, sondern auch den Spuren der Kräuterfrau Afra Schickh nachgehen, die 1671 in Wiener Neustadt am Scheiterhaufen verbrannt wurde. Und zu einem zeitgeschichtlichen Besuch lädt in Hochwolkersdorf ein Gedenkraum ein, in dem die ersten Gespräche über die Errichtung der Zweiten Republik Österreich zwischen den russischen Vertretern und dem späteren Bundespräsidenten Karl Renner stattfanden.

Der Menschenschlag dieser Gegend ist nicht nur geprägt von seinem geschichtlichen Erbe, sondern auch von der Weite und Einsamkeit der Landschaft, vom Überlebenskampf in einer sich oft rau zeigenden Natur. Die Menschen hier haben es aber gelernt, aller sich zeigenden Unbill zu trotzen, nicht gleich aufzugeben, sondern einbrechenden Stürmen zu widerstehen. Hier in der Buckligen Welt wuchs auch Florian Kuntner als achtes Kind von Anton und Anna Kuntner auf.

Der Bauernhof der Familie lag in der Rotte Sellhof, die zum Ort Kirchberg am Wechsel gehörte. Elf Schwangerschaften hatte Mutter Anna bereits hinter sich, wovon nur sieben Kinder überlebten, als sie wieder ein Kind erwartete. Diese zwölfte Schwangerschaft brachte die Mutter aber in große gesundheitliche Schwierigkeiten und die Ärzte hatten Bedenken, ob sie das Kind auch austragen könne. Eine Abtreibung wäre medizinisch begründbar gewesen. Man riet der werdenden Mutter, sich das gut zu überlegen, denn sie habe ja immerhin für sieben Kinder zu sorgen. Die tiefgläubige Anna Kuntner wandte sich in ihrer Not an den Ortspfarrer, der damals von den Gläubigen noch in allen Lebensfragen als letzte Instanz

Florian Kuntner (2. Reihe, rechts) im Kreise seiner sechs Geschwister. Der ältere Bruder fehlt, er fiel im Krieg. *Foto: Fam. Kuntner*

angesehen wurde. Der meinte nur: „*Der Doktor ist auch nicht der Herrgott*" und so konnte „Florl", wie der Bub später liebevoll genannt wurde, am 22. März 1933 doch das Licht der Welt erblicken. Mutter und Kind überstanden gesund die Geburt und untermauerten damit den Rat des Pfarrers.

Als Letztgeborener war Florian das Nesthäkchen, dem manches erlaubt, aber den älteren Geschwistern dagegen verwehrt war. Da er bis zu seinem sechsten Lebensjahr kein eigenes Bett hatte, sondern überwiegend bei den Geschwistern schlief, wurde er daher sehr früh Zeuge von deren verborgenen Wünschen und Geheimnissen, der ersten Verliebtheit und den Krisen des Erwachsenwerdens. Auch wenn der kleine Knirps noch nicht alles begriffen hatte, was er da so mitbekam, wurde seine Einstellung zum Leben von diesen frühen Erfahrungen, wie Kuntner rückblickend erzählte, stark geprägt.

Geborgenheit und zärtliche Zuwendung erfuhr Florl, wenn er im Bett der Mutter landete. Zwischen den beiden gab es eine besondere Verbundenheit, was vielleicht auch seinen Grund in der einst gefährdeten Schwangerschaft hatte. Die Mutter war es auch, die den kleinen Buben in eine sehr persönliche Glaubenshaltung einführte. Von ihr lernte er, die vorgegebenen Gebete nicht einfach herunterzuleiern, sondern sich durch diese Gott ganz persönlich anzunähern. Trotzdem hatte der kleine Florian mit dem zur Advent- und Fastenzeit üblichen Rosenkranzbeten seine Probleme. Dem quirligen Buben war es dabei einfach zu langweilig und er versuchte daher, sich mit einigen Faxen die Zeit zu vertreiben, die aber gar nicht gut bei den Eltern ankamen und deshalb für „Kopfstückeln" sorgen. Seine persönliche Beziehung zum Rosenkranzgebet hat dies aber, wie er später als Weihbischof bekannte, nicht negativ belastet.

Sonst herrschte auch im Hause Kuntner die damals übliche traditionelle Religiosität. Das Gebet am Morgen und Abend, ebenso vor und nach jedem Essen, gehörte damals in den Familien einfach dazu. Der Pfarrer war für seine ihm anvertrauten Gemeindemitglieder die unbestrittene Autorität sowohl in religiösen wie in moralischen Fragen und Haltungen. Sein Wort war bestimmend, denn er repräsentierte die Kirche und ihm gebührte daher Achtung und Respekt.

Zu kleinen Revolutionen schien Florian einen gewissen Hang gehabt zu haben. Sehr früh schon wollte er wissen, welchen Sinn einige in der Familie gepflogene religiöse Bräuche eigentlich hätten. Manchmal gab es eine zufriedenstellende Erklärung, aber meistens hieß es: „Das gehöre sich eben so".

Als er einmal lauthals seine Zweifel kundtat, dass geweihte Palmkätzchen Schutz gegen Gewitter und Hagel bieten würden, entlud sich aber über ihn ein heftiges elterliches Donnerwetter. Statt Erklärungen gab es das gefürchtete „Scheitelknien". Dieses Knien auf einem unbearbeiteten Stück Holz gehörte damals – neben Ohrfeigen oder Schlägen mit der Rute – zu den üblichen Erziehungsmaßnahmen.

Zu noch größeren Sanktionen führte aber eine andere Aufmüpfigkeit des Kuntner-Jüngsten. Mit einem in der Stube aufgehängten Bild, auf dem Jesus belehrend, oder drohend, wie auch immer, den Finger hob, konnte er sich so gar nicht anfreunden. Vielleicht fühlte er sich auch dadurch bei seinen Streichen gestört. Da Spucken unter den Geschwistern gerade üblich war, spuckte Florian in einem vermeintlich unbeobachteten Moment auf das Bild, um damit seine Abneigung zu demonstrieren. Eine seiner Schwestern sah dies aber und erzählte es der Mutter. Was dann geschah, überstieg das übliche Donnerwetter und belastete noch Jahre die Psyche des Sünders. Die Tat wurde als schwere Sünde, für die es nur die Hölle gab, dargestellt. Die zu erwartende Pein wurde in allen Facetten dem Verdorbenen geschildert, der sich niederknien und das Bild um Verzeihung bitten sowie küssen musste.

Solche gravierende Vorfälle in der Kindheit haben meist Rückwirkungen auf das Verhalten als Erwachsener in bestimmten Situationen. So war es auch bei Florian Kuntner, der als fröhlicher und umgänglicher Mensch allgemein geschätzt war. Auf Drohungen oder unnötige Belehrungen konnte er aber ungewöhnlich aggressiv reagieren, was oft gar nicht im Verhältnis zum Anlass stand. Ebenso ging es ihm vehement gegen den Strich, wenn in der innerkirchlichen Diskussion, statt durch Argumente zu überzeugen, sofort mit Disziplinierungsmaßnahmen gedroht wurde. Da konnte er fast die Beherrschung verlieren.

Seine sich bereits früh entwickelnde Liebe zur Kirche wurde aber trotz dieser, teils aus kindlicher Neugier an der Umwelt, teils aus bubenhaftem Übermut provozierten Ereignisse nicht beeinträchtigt. Ein Faktum, das ihm später oft half, als Amtsträger der Kirche schwierige Situationen zu bewältigen. Er hatte nämlich früh gelernt, vom Verhalten der Menschen, das mit den Vorgaben der kirchlichen Verkündigung oft nicht übereinstimmte, das eigene Glaubensverständnis nicht beeinflussen zu lassen.

Den Besuch der Kirche an der Hand der Mutter genoss Florian ganz besonders. In der betenden und singenden Gemeinschaft wurde sogar der kleine Zappelphilipp ruhig und von Ehrfurcht erfüllt. Die feierlichen Hochämter mit Chorgesang, die Andachten, der Kreuzweg hinauf auf den Kalvarienberg, der viele Weihrauch und die festlichen Gewänder beeindruckten ihn ungemein. Sein größter Wunsch war, auch einmal Ministrant zu werden. Als er das notwendige Alter dafür hatte, holte er sich beim Kaplan aber eine Abfuhr. Der wimmelte ihn mit dem Hinweis ab, dass er genug Buben dafür habe und ihn daher nicht brauche. Vermutlich wollte er nur den als großen Lausbuben bereits bekannten Kuntner-Jüngsten nicht in der Ministrantenschar haben. Er hatte aber nicht mit dessen Hartnäckigkeit gerechnet, denn zu Beginn jeder Religionsstunde stellte dieser dann die Frage: „Herr Kaplan, wann kann ich Ministrant werden?" Nach Monaten gab dieser entnervt nach. Endlich auch die Ministrantenkleider anziehen zu dürfen, bedeutete für Florian ein unbeschreibliches Glücksgefühl, an das er sich noch als Erwachsener erinnerte.

Florian Kuntner wuchs in einer überschaubaren Lebenswelt auf, wo alles und jeder seinen Platz hatte. Die kirchliche Tradition mit ihren Sitten und Gebräuchen begleitete die Menschen von der Geburt bis zum Tod. Ein geistlicher Mitbruder von Florian Kuntner nannte diese Gegend einmal das „geistliche Mistbeet" der Diözese, da es hier zu vielen Priesterberufungen gekommen ist. Die Natur, in ihrer oft unberechenbaren Härte, bestimmte den Jahresablauf vom Säen bis zum Ernten. Die zwischenmenschlichen Beziehungen wurden von diesem Umfeld bestimmt. Für Gefühlsduseleien gab es in der Einfachheit und Kargheit des Alltags keinen Platz. Ob Alt oder Jung, ob Mann oder Frau, jeder und jede hatte hier seine Aufgabe, die er oder sie zu erfüllen hatte, da man ja aufeinander angewiesen war.

Auch die Zukunft von Florian Kuntner lag in diesen vorgegebenen Bahnen, doch es sollte anders kommen. Ein Zusammenfinden von zwei Buben stellte die Weichen in eine andere Richtung. Florian ging in die erste Klasse der Hauptschule, als sich das Ende des Zweiten Weltkrieges abzeichnete. Als die Bombenangriffe der Alliierten auf die Großstädte zunahmen, wurden viele Kinder zu ihrem Schutz auf das Land geschickt. In der Hauptschule von Kirchberg landete ein Gymnasiast aus Wien. Florian überschüttete den Klassenkameraden so-

Florian Kuntner (links), sein Bruder Josef mit Frau Marianne und ihren Kindern Notburga, Elisabeth und Josef, und Schwägerin Hilda Kuntner, die später seinen Haushalt führte. *Foto: Fam. Kuntner*

fort mit neugierigen Fragen. Er wollte einfach alles wissen: wie es in der Stadt zugehe, wie im Gymnasium und was man dort lernen könne. Eines Abends hatten die beiden Buben ein besonders intensives Gespräch. Florian Kuntner deutete dies später als ein Eingreifen Gottes. Er erfuhr von seinem Freund, dass dieser Priester werden wolle. Die zu dieser Zeit eher ungewöhnliche Lebensplanung eines jungen Menschen, dessen Heranwachsen von der Ideologie der NS-Diktatur geprägt war. Florian war daher überrascht, aber auch beeindruckt und begann sich intensiv mit dem Lebensziel des Freundes

16

auseinanderzusetzen. Noch nie hatte er an eine Berufung zum Dienst in der Kirche gedacht. Auch im Elternhaus war das eigentlich kein Thema. Plötzlich spürte er aber ganz intensiv, dass dies auch für ihn ein Weg sein könnte. Voraussetzung für diese Entscheidung war nun der Besuch eines Gymnasiums. Im Hinblick auf eine doch mögliche Berufung ihres Sohnes zum Priester entschieden sich die Eltern nach Beratung mit dem Ortspfarrer für einen Internatsaufenthalt im Knabenseminar der Erzdiözese Wien in Hollabrunn. Er besuchte dann, wie alle anderen Seminaristen, das öffentliche Bundesgymnasium Hollabrunn und legte dort 1952 die Matura ab. Anschließend trat er in das Wiener Priesterseminar ein und begann an der Universität Wien Theologie zu studieren. Bevor er aber diesen für sein Leben entscheidenden Schritt setzte, beschäftigten ihn noch viele Fragen: Ob er wirklich für diesen Weg berufen sei? Ob er den Zölibat als Lebensform akzeptieren könne? Und der Wunsch, Priester zu werden, nicht doch nur einer momentanen jugendlichen Begeisterung entspringe? Nach Exerzitien bei dem Jesuitenpater Rupert Müller, der ein besonders einfühlsamer Jugendseelsorger war, wusste er – seine Entscheidung war richtig.

Das Leben der Alumnen im erzbischöflichen Priesterseminar war zu dieser Zeit von einzuhaltenden Regeln und strenger Disziplin bestimmt. Der damalige Regens Walter Taubert war ein übervorsichtiger Mann, der geprägt war vom Geist der Zwischenkriegszeit und dem Überleben der Kirche in der NS-Zeit. Für neue Gedanken und Ideen oder gar Diskussionen gab es da keinen Platz. Ein Umfeld, an das sich der umtriebige und eigenständige Florian Kuntner anpassen musste,

auch wenn es ihm schwerfiel. Ein Lichtblick im streng gere-
gelten Studienablauf war die jährliche Krampus- bzw. Niko-
lofeier, die sozusagen als einziges „Volksvergnügen" von der
Leitung genehmigt wurde. Schon Wochen vorher wurde mit
großem Eifer mit den Vorbereitungen begonnen. Es konnte nicht ausbleiben, dass der Alumne Florian zum Team der
Rädelsführer gehörte, die hier die Chance zu einem kurzen
Ausbrechen aus dem strengen Seminarleben nützen wollten.
Im Jahre 1955 geriet die Feier aber aus dem noch von der Leitung tolerierten Rahmen und hätte bald den Hinauswurf der

Florian Kuntners Primiz-
feier im Jahr 1957
*Foto: Fam. Kuntner*

Linke Seite: Florian
Kuntner im Wiener Pries-
terseminar (3. Reihe,
links außen)
*Foto: Fam. Kuntner*

Aufmüpfigen zur Folge gehabt. Vorbereitet wurde ein Stück,
in dem die Mitspieler als Kinder verkleidet sich im Sandkas-
ten um das berühmte „Schauferl" stritten. Insider erkannten
rasch die Anspielungen. Tatsächlich „auf die Schaufel genom-
men" wurde damit das von den leitenden geistlichen Herren
intensiv betriebene Machtspiel um die Vorrangstellung im
Haus, die jeder für sich beanspruchen wollte. Als Hauptakteur in diesem Stück trat Florian Kuntner auf, und zwar in
Pyjama und Hausschlapfen. Der Erfolg war enorm, donnern-
der Applaus für alle Mitspieler, aber nicht von der verärgerten

19

Seminarleitung, die dieser ironischen Darstellung nichts abgewinnen konnte. Doch auch dieses, wie schon mehrmals in seinem jungen Leben über seinem Haupt sich entwickelnde „Gewitter" überstand Florian Kuntner.

Die Zeit im Priesterseminar verflog sehr rasch und am 29. Juni 1957 erfolgte seine Priesterweihe durch den neuen Erzbischof von Wien, Dr. Franz König, im Wiener Stephansdom. Noch Jahrzehnte später erinnerte er sich daran, dass er die Nacht davor vor Aufregung nicht schlafen konnte, weil *„das beglückende und beunruhigende Gefühl der ohnmächtigen Vollmacht, die Wandlungsworte über Brot und Wein sprechen zu können, so groß war"*.

Dann folgten erste seelsorgliche Stationen als Kaplan in der Nähe von Wien, und zwar in Gerasdorf und Atzgersdorf, später in Puchberg am Schneeberg. Mit Beginn des Schuljahres kehrte er im September 1960 als Studienpräfekt an das Knabenseminar Hollabrunn zurück. Er blieb bis August 1962, denn ab 1. September 1962 wurde Florian Kuntner mit der Leitung der Pfarre Piesting betraut. Die Marktgemeinde Piesting gehört zum Bezirk Wiener Neustadt und liegt am Eingang des in das Schneeberggebiet führenden Piestingtales.

Nur wenige Wochen nach Kuntners Amtseinführung als Pfarrer, am 11. Oktober 1962, wurde in Rom das Zweite Vatikanische Konzil eröffnet. Die Kirche begann ihre Türen in das 20. Jahrhundert zu öffnen. Vom Kirchenvolk teils neugierig abwartend, teils auch ablehnend beobachtet, begann in den folgenden Jahren ein neuer Geist die Kirche und die Menschen zu erfüllen. Auch das Leben des jungen Priesters Florian Kuntner bekam dadurch eine andere Weichenstellung.

## 2. Kapitel:

# Radeln für den lieben Gott

Im Jahre 2000 wurde vor der Piestinger Pfarrkirche ein vom Bildhauer Harry Brenner gestalteter „Florian-Kuntner-Gedenkstein" errichtet, der durch seine zwei gleich großen Skulpturhälften das aussagen soll, was Kuntner, der hier von 1962 bis 1971 als Pfarrer wirkte, am meisten am Herzen lag: die Zusammenführung von Kirche und Mensch durch das Evangelium. Die schwarz gemaserte Hälfte symbolisiert die Kirche, die rötliche den Menschen und dazwischen schwebt, die beiden Hälften verbindend, das gläserne Herz des Evangeliums, das exakt in die Höhlung beider Skulpturen passt.

Die sich dem Betrachter vielleicht nicht sofort erschließende Symbolik gibt aber doch exakt das Ziel des pastoralen Handelns von Florian Kuntner wieder: Menschen zu einem lebendigen Christsein zu motivieren, die ihre Heimat in einer geschwisterlichen, offenen Kirche finden können. Was er den Menschen vermitteln wollte, dazu musste er aber erst selbst den Zugang finden. Sein Weg zum Priestertum wurde sowohl im Seminar als auch auf der Universität von einem konservativen Denken und einer eher eingeengten theologischen Sichtweise geprägt. Die Auseinandersetzung mit einer sich bereits abzeichnenden aufgeschlosseneren Theologie und Philosophie war allen jungen Priesteramtskandidaten damals ver-

Gedenkstein in
Piesting
*Foto: Ingeborg
Schödl*

wehrt gewesen. Das seelsorgliche Wirken der frisch geweihten Priester, auch das von Florian Kuntner, lief daher überwiegend in dem ihnen vermittelten pastoralen Rahmen ab.

Die Ankündigung eines Zweiten Vatikanischen Konzils durch Papst Johannes XXIII. im Jahre 1959 schlug in dieser bisher straff von oben nach unten geordneten Welt wie ein Blitzschlag ein. Die angekündigten Ziele, wie Modernisierung, Reformierung und Dialogbereitschaft, auch mit anderen Religionsgemeinschaften, zählten in den vatikanischen Kreisen zu den kaum erstrebenswerten Vorhaben. Aufgescheucht war vor allem die römische Kurie, die in der Forderung des Papstes, dass die Kirche „einen Sprung vorwärts" machen müsse, sofort eine Gefahr für ihre bisher unangefochtene Machtposition befürchtete. Trotz aller Bedenken und Querschüsse wurde das Konzil am 11. Oktober 1962 eröffnet. Einige Synodenväter sorgten gleich zu Beginn für Aufsehen, als sie gerade jene Theologen, die bisher mit Rede- und Schreibverbot belegt waren, wie Karl Rahner, Yves Congar oder Henri de Lubac, zu ihren Konzilsberatern bestimmten.

Genau zu diesem Zeitpunkt wurde Florian Kuntner mit der Leitung der Pfarre Piesting betraut. Er war nun nicht nur in seinem unmittelbaren Pfarrumfeld mit neuen Gegebenheiten konfrontiert, sondern auch mit sich abzeichnenden Veränderungen in der Weltkirche. In der Pfarre begann er sofort mit dem Bau eines neuen Pfarrhofes, denn der alte war mehr als baufällig. Große Hilfe dabei war ihm seine Schwägerin Hilde Kuntner, Witwe eines Bruders, der im Krieg gefallen war und die ihm den Haushalt führte. Als frühere Bergbäuerin war sie mit harter Arbeit vertraut und hatte auch die notwendige resolute Art, um die Bauarbeiten zu überwachen. Nach eineinhalb Jahren konnte der Pfarrhaushalt bereits in den Neubau verlegt werden.

Kuntner war zwar mit der Führung der Pfarre, den Bauarbeiten und dem Kennenlernen seiner Gemeinde voll ausgelastet, trotzdem nahm er sich Zeit, um sich mit jener Literatur zu beschäftigen, die ihm bisher verwehrte neue theologische Zugänge vermittelte. Er las Schriften der Jesuiten Ignace Lepp, Pierre Teilhard de Chardin und setzte sich mit dem vom kirchlichen Lehramt kritisierten Gedankengut der von

Frankreich ausgehenden „Nouvelle Théologie" auseinander, deren Hauptrepräsentanten nun plötzlich als Konzilstheologen fungierten.

Durch die verabschiedeten Konzilsdokumente wurde ihm dann deutlich bewusst, dass auch in der Gemeindepastoral ein Umdenken dringend gefordert war. Für die Umsetzung eines neuen Kirchenbildes in die Praxis des Pfarrgemeindelebens setzte er sich in den kommenden Jahren mit großem Engagement ein. Vorerst suchte er aber nach dem Gedankenaustausch mit Menschen, die, so wie er, bereit waren, neue Wege zu wagen. Als Ort der Begegnung und Diskussion bot sich die Wiener Diözesansynode an, die zwischen 1969 und 1971 die Beschlüsse des Konzils auf Diözesanebene umsetzen sollte. Unter den Teilnehmern, die überwiegend aus den Dekanaten in die einzelnen Gremien entsandt wurden, befanden sich nicht nur Kleriker, sondern nun auch Laien. Zu den Synodenteilnehmern zählte auch der Piestinger Pfarrer, Florian Kuntner.

Im Vorfeld der Synode wurden an alle Pfarrgemeinden zwei Papiere zur Stellungnahme ausgesandt. Im „Grünen Papier" ging es um die Erneuerung der Liturgie. Im „Roten Papier" um die Mitbestimmung und Mitverantwortung der Laien auf pfarrlicher und diözesaner Ebene. Herrschte bei der geplanten Liturgiereform überwiegend Einigkeit, prallten die Meinungen zwischen den „Bewahrern" und den „Progressiven" bezüglich des verstärkten Mitspracherechtes der Laien, vor allem in den verschiedenen neu geplanten Gremien, hart aufeinander. Die eine Gruppe befürchtete dadurch einen Autoritätsverlust des Bischofs und Pfarrers, einige Scharfformulierer sogar eine in die Kirche einziehende „Sowjetisierung", die andere forderte dagegen vehement diesen notwendigen Schritt zu einer Demokratisierung der Kirche auf allen Ebenen. Entscheidend zur Beruhigung der aufgeheizten Gemüter und für den Beginn konstruktiver Gespräche trug das Referat zum Thema „Mitbestimmung" des damaligen Ordinariatskanzlers Helmut Krätzl bei, mit dem dieser den Weg zur Verständigung für beide Seiten ebnen konnte.

Florian Kuntner nahm die Aufgabe, an der Synode mitzuwirken, ungemein engagiert wahr. Die diskutierten Fragen entsprachen seinem Gemeindeverständnis, denn für ihn war „Kirche eine Gemeinschaft von Gemeinschaften". Das bedeutete für ihn konkret, durch das Zusammenwirken von Klerikern und Laien sollte ein lebendiges, aus dem gemeinsamen Glauben heraus gestaltetes Gemeindeleben ermöglicht werden.

Die Wiener Diözesansynode war in der Kirche von Österreich eine der ersten, die den Gedanken des Konzils aufgriff, sehr große Diözesen in Regionen einzuteilen, um dadurch in der pastoralen Arbeit den lokalen Gegebenheiten verstärkt entsprechen zu können. Beschlossen wurde daher die Einteilung der Erzdiözese Wien in drei Vikariate: Vikariat Wien-Stadt, Vikariat „Unter dem Manhartsberg" (nördlich der Donau) und Vikariat „Unter dem Wienerwald" (südlich der Donau). Die jeweilige Leitung sollte einem gewählten Bischofsvikar übertragen werden, wofür aber keine Bischofsweihe Voraussetzung wäre.

Mehrheitliche Zustimmung fand auch, dass in den neuen „Räten" wie Dekanats-, Vikariats- und Pastoraler Diözesanrat sowie Pfarrgemeinderat künftig auch Laien (außer im Priesterrat) den Bischöfen, Bischofsvikaren, den Dechanten und Pfarrern beratend zur Seite stehen sollen. Größte Auswirkung auf das Leben in den Gemeinden hatte sicherlich die Einführung der Pfarrgemeinderäte (PGR), die ab 1974 flächendeckend in ganz Österreich eingeführt wurden.

Die neuen Vikariate bekamen das Recht, durch Wahl einen Dreiervorschlag mit den Namen der für sie in Frage kommenden Kandidaten zu erstellen, aus dem dann der Erzbischof auswählen konnte. Auf der Liste des Vikariates „Unter dem Wienerwald" landete auf Platz 1 mit 49 von 75 abgegebenen Stimmen der Piestinger Pfarrer Florian Kuntner. Mit seinen 36 Jahren war er der jüngste unter den Kandidaten. Im April 1969 wurde Kuntner vom Wiener Erzbischof Franz König für eine vorerst fünfjährige Periode zum Bischofsvikar des Vikariats Süd bestellt. Er blieb in dieser Funktion bis 1987, bis zu seinem angeblich freiwilligen Rücktritt in der Ära Groër, dem Nachfolger Kardinal Königs.

Da Kuntner trotzdem weiter Pfarrer in Piesting blieb, begann für ihn eine sehr arbeitsintensive Zeit. Aber das entsprach durchaus seinem sehr umtriebigen Naturell. Zuerst musste er sich gute Mitarbeiter holen, die er infolge seiner vielfachen Kontakte bald fand. Nicht zur Begeisterung aller schlug er auch Frauen für die Leitungsgremien vor. So waren in dem aus 31 Mitgliedern bestehenden Vikariatsrat auch sechs Frauen vertreten. Auch im fünfköpfigen Vikariatsvorstand saß eine Frau – Irene Brix, eine ehemalige Kollegin aus Kuntners Lehrertätigkeit an einem Wiener Neustädter Gym-

Ein vielbeschäftigter Seelsorger: Florian Kuntner war Pfarrer in Piesting und leitete ab 1969 zusätzlich das neu gegründete Vikariat „Unter dem Wienerwald". *Foto: Archiv Tyrolia/Gert Schlegel*

nasium. Vikariatssekretär wurde ab 1971 Gerhard Bittner, der ihn über alle Anfangsschwierigkeiten hinweg bei der Organisation des Vikariates bis 1979 begleitete.

Für die Arbeit im Vikariat musste erst ein Konzept erarbeitet bzw. Strukturen geschaffen werden. Vorbilder dafür gab es keine, daher klappte auch nicht sofort alles, was geplant wurde. Manche altgedienten Dechanten fühlten sich vom Schwung des jungen Bischofsvikars auch etwas überrumpelt. Durch seine herzliche, auf die Menschen zugehende Art konnte Kuntner jedoch aufkommende Spannungen rasch ausgleichen. Als gute Idee erwies es sich auch, dass die Vorstandssitzungen nicht immer am gleichen Ort einberufen wurden, sondern sehr oft am Wohnort eines jeweils anderen Vorstandsmitglieds stattfanden. Dadurch lernten die Mitglieder auch die verschiedenen strukturellen Gegebenheiten des zwischen Donau und Voralpen gelegenen Vikariats besser kennen. Das jeweilige soziale Umfeld, die Landschaft prägen die Menschen und ihre Lebensweise, und dieser Umstand musste bei der Planung der notwendigen Aufbauarbeit auch berücksichtigt werden. Von reinen Schreibtisch-Konzepten hielt Kuntner sowieso nicht viel. Er brauchte das Gespräch und den Kontakt mit den Menschen.

Bei der Bewältigung des umfangreichen Aufgabengebietes kam Florian Kunter nun eine sportliche Leidenschaft zugute – er war ein begeisterter Radfahrer. Als er einmal in einem Zeitungsinterview gefragt wurde, was er auf eine Insel mitnehmen würde, meinte er: *„Das Stundenbuch und ein Fahrrad"*. Im wahrsten Sinne des Wortes „erradelte" er sich sein Vikariat. Dabei störten ihn weder Rückenwind noch Gegenwind, im Gegenteil, er genoss das Ankämpfen gegen die wetterbedingten Widrigkeiten. Vielleicht stärkte dies neben der sportlichen auch seine seelische Kondition, um den ihm auch öfters innerhalb der Kirche aus verschiedenen Richtungen um die Ohren pfeifenden Wind auszuhalten. Wie auch immer, der Rad fahrende Bischofsvikar Florian Kuntner tauchte einmal da, einmal dort unvermutet auf und bewältigte dabei Strecken wie ein Profi-Rennfahrer. Auch seine Freunde mussten da oft mithalten, wenn es über Stock und Stein und über nicht gerade radgerechte Wege ging. Das gemütliche Dahinradeln auf einem ebenen, asphaltierten Weg, das entsprach nicht so ganz den sportlichen Vorstellungen von Florian Kuntner. Zur Stärkung winkte dann eine gemütliche Rast

Florian Kuntner auf seinem Fahrrad: Auch ungemütliches Wetter konnte ihn nicht von seiner sportlichen Tätigkeit abhalten. *Foto: Diözesanarchiv ED Wien*

bei einem K. H. – was für die Eingeweihten ein „Katholischer Humpen Wein" bedeutete.

Eigentlich war Kuntner voll ausgelastet – er war seit 1962 Pfarrer in Piesting und seit 1969 Bischofsvikar für das Vikariat „Unter dem Wienerwald". Er war die Galionsfigur dieses Vikariates, in dem nach seinen Worten *„erst alles wachsen musste"*. Genau zu diesem Zeitpunkt kam es zu einem Karrieresprung – er wurde mit 1. September 1971 zum Pfarrer der Propstei- und Hauptpfarre Wiener Neustadt bestellt. Die Pfarre Piesting musste er nun nach neun Jahren verlassen und übernahm das Amt des Dompropsts in Wiener Neustadt, blieb aber weiterhin Bischofsvikar.

Wiener Neustadt kann als eine mit wichtigen Privilegien ausgestattete Babenberger Gründung auf eine glanzvolle Geschichte zurückblicken. Sie war u. a. auch Residenz von Kaiser Friedrich III., dessen Frau, Eleonore von Portugal, in der Stiftskirche Neukloster und sein Sohn, Kaiser Maximilian I., in der St.-Georgs-Kathedrale in der Wiener Neustädter Burg begraben wurden. Friedrich III. machte Wiener Neustadt auch zum Bistum, ein Status, der unter Joseph II. dann an St. Pölten überging. Kaiserin Maria Theresia errichtete 1752 die heute noch bestehende Militärakademie. Ab dem 19. Jahrhundert entwickelte sich Wiener Neustadt zu einer Industriestadt. Im Zweiten Weltkrieg wurde die Stadt infolge der hier angesiedelten Rüstungsbetriebe zum Ziel zahlreicher Luftangriffe.

Politisch gesehen war Wiener Neustadt, als Florian Kuntner zum Dompropst ernannt wurde, eine „rote Hochburg", in welcher der SPÖ-Bürgermeister Hans Barwitzius herrschte. Kuntner war aber ein Meister im Kontakteknüpfen. Er fand immer den richtigen Ton, um Menschen anzusprechen und für sich zu gewinnen, auch über politische Grenzen hinweg. Das freundschaftlich-verbindende Du-Wort kam ihm locker über die Lippen. So entstanden bald gute Beziehungen zwischen Dompropstei und Bürgermeisterbüro, was besonders bei der Domrenovierung von Nutzen war. „Das gemeinsame Gspan", wie Kuntner und Barwitzius bald genannt wurden, fand vermutlich so manche Lösungsmöglichkeiten, auch bei gemeinsam gepflegten Saunabesuchen, zu denen der Dritte im Bunde, Baumeister Friedrich Fellerer, einlud.

Zusätzlich zur Pfarrarbeit und zu der schon zeitaufwendigen Aufbauarbeit im Vikariat nahm Kuntner zwei weitere Dinge in Angriff: die Errichtung eines Bildungshauses und die Renovierung des Domes in Wiener Neustadt. Ein Glück, dass er gute Mitarbeiter um sich scharen konnte, auf die Verlass war, und die ihm viel Arbeit abnahmen. In der pfarrlichen Arbeit wurde er unterstützt von Ernst Freiler, der ihm als stellvertretender Pfarrer, sozusagen als „Adlatus", in der Dompfarre zur Seite stand. Zwischen Kuntner und Freiler entwickelte sich eine gute Freundschaft, die auch weiter gepflegt wurde, als Ernst Freiler 1978 Pfarrer in Perchtoldsdorf wurde. Für eine Woche Schiurlaub in St. Anton am Arlberg musste einfach jedes Jahr Zeit sein, und das 35 Jahre lang.

Die notwendigen Arbeitssitzungen wurden von Kuntner straff geführt. Das erforderte eine gute Vorbereitung, dafür sorgte das weibliche Vorstandsmitglied Irene Brix. Sie schrieb die Protokolle, kurz gefasst, wie Kuntner es wünschte, und versorgte ihn mit den nötigen Vorausinformationen. Auch die Abfassung der Vikariatschronik war ihr überlassen. Er vertraute seinen Mitarbeitern und ließ sie daher auch frei arbeiten. Sein eigenes Arbeitspensum war enorm. Viel Zeit nahm er sich für die Begegnung und das Gespräch mit den Menschen. Seine Stärke war, dass er seinen jeweiligen Gesprächspartnern stets auf Augenhöhe begegnete und ein offenes Ohr für ihre Sorgen und Nöte hatte. *Jeden Menschen muss man als kostbaren Einzelmenschen sehen"*, das war seine Ansicht, *„und er muss so angenommen werden, wie er ist"*. Der neue Dompropst war daher bald eine stadtbekannte Erscheinung. Seine Predigten sprachen die Menschen an, der Dom war bei den Messen voll und das Pfarrleben blühte auf.

Dass Kuntner seine Mitarbeiter manchmal überforderte, lag vielleicht daran, dass er sich hin und wieder zwar voller Begeisterung, aber ohne Plan und Strukturierung in ein neues Unternehmen stürzte. Wenn dann alle etwas ratlos vor dem wachsenden Problemberg standen, kam von Kuntner die Aufforderung: *Jetzt mias ma betn, dass da Fotz pempert.*" Vom Dialekt der Buckligen Welt ins Hochdeutsche übersetzt hieß das: „Jetzt müssen wir beten, bis der Mund zittert."

Die unbedingt notwendige Renovierung des 1279 zu „Ehren der heiligen Jungfrau und des heiligen Rupert" errichteten Domes erforderte viel Fingerspitzengefühl. Es galt einerseits das kulturelle Erbe zu bewahren, aber andererseits auch den Anforderungen einer modernen Liturgie gerecht zu werden. Insgesamt dauerte die Renovierung von 1975 bis 1999 und fand in zwei Abschnitten statt. Die Innenrenovierung unter Dompropst Kuntner war zum 700-Jahr-Jubiläum des Domes im Jahre 1979 abgeschlossen. Die Außenrenovierung erfolgte dann unter seinem Nachfolger Dompropst Heinrich Hahn.

Ein besonderes Anliegen für Florian Kuntner war die Errichtung eines nach modernen Gesichtspunkten gestalteten Bildungshauses. Er wusste, dass die nun möglich gewordene pastorale Arbeit der Laien in den Pfarrgemeinden nur effizient funktionieren würde, wenn diese für ihre Aufgaben theologisch und spirituell geschult und Möglichkeiten zur Weiterbildung bekommen würden. Vordringlich galt dies vor allem für jene Männer und Frauen, die sich für die Aufgabe eines Pfarrgemeinderates zur Verfügung stellten.

Das der Stiftskirche Neukloster angeschlossene Pius-Haus war ursprünglich als Exerzitienhaus konzipiert und nun stark renovierungsbedürftig. Mit dem ihm eigenen Schwung nahm er den Um- und Anbau in Angriff. Ein wichtiger Berater dabei, und mehr als 25 Jahre auch in anderen wirtschaftlichen Belangen, wurde ihm Johannes Giessrigl, ein exzellenter Wirtschaftsfachmann, der auch Stellvertreter von Kuntner im Vikariatsrat war. Im September 1973 konnte das Bildungshaus St. Bernhard als Bildungszentrum des Vikariats Süd eröffnet werden. Als erster Leiter wurde Fritz Giglinger bestellt, der ein wichtiger Freund und Lebensbegleiter für Florian Kuntner wurde.

Gemeinsam mit Giglinger begann er sich mit dem franziskanischen Geist auseinanderzusetzen, der seine persönliche Lebenseinstellung und sein Wirken als Bischofsvikar in der Folge weitgehend bestimmte. Als er anlässlich einer Radtour mit Freund Fritz in Regelsbrunn bei der Gemeinschaft der „Kleinen Schwestern Jesu von Charles de Foucauld" einkehrte und sie einige Tage gemeinsam mit den Schwestern redeten, beteten und feierten, *entdeckten wir den heiligen Franz von Assisi und versuchten, seinen Spuren zu folgen und seinen Geist in uns aufzunehmen*". Kuntner spürte, wie sich eine Veränderung in ihm vollzog und er in seinem Tun die Prioritäten künftig anders setzen musste. Vor allem die zwischenmenschlichen Beziehungen sollten gegenüber dem Leitungsmanagement noch mehr Vorrang bekommen. Der Mensch mit seinen Sorgen, Freuden, Nöten musste an erster Stelle stehen, nicht das Funktionieren verwaltungstechnischer Strukturen. Mit Freunden nahm Kuntner sich von nun an öfter eine Aus-

Florian Kuntner suchte als Bischofsvikar neue Wege, um Evangelium und Alltagsleben der Christen zu verbinden. *Foto: Archiv Tyrolia/Brigitte Wagner*

zeit bei den Regelsbrunner Schwestern, um Kraft zu schöpfen im gemeinsamen Gebet und Gespräch, durch Lesung in der Bibel und in der Eucharistiefeier. „Wüstentage" nannten sie dieses Beisammensein, das ihnen helfen sollte, die Anforderungen des Alltags zu bewältigen.

Spirituell einen Schritt vorwärts, so empfand es Florian Kuntner, brachte ihn auch die Begegnung mit der Cursillo-Bewegung. Diese wurde 1949 von einer Gruppe junger spanischer Christen auf Mallorca gegründet. Das Ziel war, gemeinsam nach neuen Wegen zu suchen, um die vorhandene Kluft zwischen der kirchlichen Tradition und dem Alltagsleben der Christen zu überwinden. Die Erlebbarkeit und die Freude des Evangeliums sollte den Menschen wieder vermittelt werden. Nicht nur davon fühlte sich Kuntner angesprochen, sondern auch von dem in der Cursillo-Bewegung gelebten Gemeinschaftsgeist, was seinem Naturell und seiner Vorstellung von Gemeindeleben entsprach. Hier herrschte kein Oben und Unten, sondern eine in Gott verbundene Einheit. Nach der ersten Teilnahme an einem Cursillo (span. kleiner Kurs) gewann Kuntner eine für ihn persönlich wichtige neue Erfahrung: *„Ich erfuhr das Beglückende und Befreiende eines unkomplizierten, ja ungenierten Umgangs mit Gott. Ich erfasste, dass das Christentum aus seinem Wesen heraus beglückend und befreiend ist."* Jetzt, als reifer Mann, zeigte sich ihm ein anderes Gottesbild als jenes, mit dem ihm in der Kindheit gedroht und das ihm später im Seminar vermittelt wurde.

Beispielgebend nicht nur innerhalb der Erzdiözese Wien, sondern auch für andere Diözesen in Österreich, wurde das Vikariat Süd – so wurde es abgekürzt genannt – durch die

Initiierung von neuen Möglichkeiten der gelebten Solidarität mit den Armen, Ausgegrenzten und Benachteiligten, vor allem aber mit den Menschen in den Ländern der sogenannten Dritten Welt. Die engagierte Gruppe rund um Florian Kuntner hatte in der Auseinandersetzung mit dieser Problematik nämlich begriffen, dass nicht nur Teilen und Spenden wichtig ist, sondern auch die Änderung des eigenen Lebensstils. Damit war man im Denken der Zeit bereits voraus, denn erst viel später setzte sich in Gesellschaft und Politik die Erkenntnis durch, dass ein sorgfältigerer Umgang mit der Umwelt und das verantwortungsbewusste Konsumverhalten jedes Einzelnen einen Beitrag zur Bekämpfung der vielfältigen Not und auch zum Schutz der Umwelt leisten kann.

Im März 1977 veranstaltete der Arbeitskreis „Dritte Welt" im Bildungshaus St. Bernhard ein Seminar mit dem Titel „Zukunft – Armut – Christus". Auch Bischofsvikar Florian Kuntner nahm daran teil. Inhaltlich ging es um eine gerechte Verteilung der Güter dieser Welt und um die dafür auch geforderte Änderung des persönlichen Lebensstils jedes Einzelnen. Zum Abschluss des Seminars wurde die sogenannte „Wiener Neustädter Erklärung" veröffentlicht. Darin wurden konkrete Schritte zur Einleitung des dafür notwendigen Prozesses aufgezeigt. Diese Erklärung wurde in den kommenden Jahren zur inhaltlichen Richtschnur für die unter dem Sammelbegriff „Wüstenbewegung" gestarteten Aktivitäten. Auch bei der Erstellung des Programmangebotes im Bildungshaus St. Bernhard wurde der Schwerpunkt nunmehr verstärkt auf Themen der Dritten Welt, Ökologie, Bewahrung der Schöpfung, alternatives Leben und politische Verantwortung gelegt.

Unter der Schirmherrschaft von Bischofsvikar Florian Kuntner wurden von dem Team um Fritz Giglinger noch weitere Initiativen gesetzt. So wurde eine „Selbstbesteuerungsgruppe" ins Leben gerufen, der bald über 300 Mitglieder angehörten. Diese verpflichteten sich, für einen bestimmten Zeitraum einen Teil ihres Einkommens für ausgewählte Projekte in den Ländern der Dritten Welt zur Verfügung zu stellen. Auch das Vorhaben, einen Fastenkalender zu erstellen, der sich als Instrument der Bewusstseinsbildung mit den Themen Nächstenliebe und Teilen auseinandersetzen und zu einem „einfachen Lebensstil" anregen sollte, wurde realisiert. Kuntners Idee war, einen möglichen Weg durch tägliche, auf die Fastenzeit abgestimmte Gedankensplitter aufzuzeigen. Es sollte aber ein Weg der kleinen Schritte sein, denn er wusste, dass man die Menschen keinesfalls überfordern durfte.

Die in der Fastenzeit 1977 erschienene erste Ausgabe in der Höhe von 6000 Stück fand sofort reißenden Absatz. Mit dem Spendeneingang für den kostenlos abgegebenen Kalender konnten im Laufe der Jahre mehrere Hilfsprojekte in Lateinamerika oder Afrika finanziert werden. Wurde der Fastenkalender anfangs überwiegend von der Franziskusgemeinde in Pinkafeld gestaltet – eine von Fritz Giglinger initiierte Lebens- und Gütergemeinschaft von Familien und Einzelpersonen –, übernahm in den 1980er-Jahren ein wechselndes Team die inhaltliche Verantwortung. Heute wird der Fastenkalender von den Steyler Missionaren herausgegeben.

Die Initialzündung für eine weitere ungewöhnliche Idee ergab sich im Zuge der Domrenovierung. Es konnte nicht ausbleiben, dass Kritiker die hohen Kosten dafür bemängelten: „Da doch so viel Not herrsche und dafür gäbe man so viel Geld aus …" und so fort. Dompropst Kuntner ließ diese Vorwürfe nicht auf sich beruhen. Ihm lag sowohl die Instandhaltung des Kulturgutes als auch die Not der Kirche der Armen am Herzen. Kurzentschlossen wie er war, gründete er in der Pfarre einen Arbeitskreis mit der Aufgabe, einen gleich hohen Betrag wie für die Renovierung des Domes aufzubringen, um damit Hilfsprojekte in der Dritten Welt zu initiieren. Ein anfangs utopisches Vorhaben, das aber tatsächlich im Laufe der Jahre realisiert wurde. Dadurch entstand auch eine Partnerschaft mit der Diözese Infanta auf den Philippinen mit ihrem Bischof Julio Labayen.

Es kam zu gegenseitigen Besuchen, zu Arbeitseinsätzen und zur Erkenntnis, dass die Menschen der reichen Länder sehr viel von den Armen dieser Welt lernen können. Nämlich Herzlichkeit, Gastfreundschaft, Glaubensmut und Überlebenskraft. Kuntners Standpunkt war, dass die Kirche in diesen Entwicklungsländern *„nicht Almosenempfänger, sondern Partner ist, von der wir spirituelle Hilfe empfangen können"*.

Als der Wiener Erzbischof, Kardinal Franz König, im Rahmen einer Visitation das Vikariat Süd besuchte, war er tief beeindruckt von der hier herrschenden Lebendigkeit des Glaubens, dem Engagement der Menschen und der Umsetzung vieler neuer Ideen und meinte: „Ja, so habe ich mir das vorgestellt." Natürlich wusste er, dass die „Trägerrakete" Florian Kuntner hieß. Er war es, der motivierte, ermöglichte und den nötigen Freiraum für die Umsetzung neuer Ideen bot. Nicht alles bewährte sich auch in der Praxis bzw. wurde von den

Menschen auch angenommen, aber man hatte es zumindest probiert.

Natürlich stand das Leben und Treiben im Vikariat Süd unter großer Beobachtung. Vor allem von zwei Gruppen, wovon die eine etwas abschätzig meinte: „Na ja, das ist der Kuntner mit seinen Narren", und die andere, die mit der Galionsfigur Florian Kuntner eine neue Chance für Wiener Neustadt witterte. War dieses nicht einmal Bischofsstadt gewesen? Wäre jetzt nicht die Gelegenheit gekommen, diesen Status wiederherzustellen? Selbst der sozialistische Bürgermeister Barwitzius stand diesem Gedanken sehr positiv gegenüber, denn das hätte doch eine große Aufwertung der Stadt und der Umgebung bedeutet. Ein Plus für Wiener Neustadt gegenüber der Rivalin St. Pölten. Kurzentschlossen ließ er seine vielfältigen Beziehungen spielen, um seinen Freund Florian zum Bischof zu favorisieren. Barwitzius wurde dafür nicht nur bei Kardinal König persönlich vorstellig, sondern schrieb sogar nach Rom.

Ein energisches „Nein" zu allen Gerüchten und Ideen kam vom Bischofsvikar Kuntner selbst, denn für ihn gab es kein „Los von Wien": *„Wir sind ein Teil der Erzdiözese, der Kirche von Österreich und der Weltkirche."* Das war seine Stellungnahme dazu.

Wiener Neustadt wurde zwar nicht Sitz eines Bistums, also keine Bischofsstadt, aber doch Wohnsitz eines Bischofs. Auf Vorschlag von Kardinal König ernannte Papst Paul VI. am 1. Oktober 1977 zwei Weihbischöfe für die Erzdiözese Wien. Der eine war der Ordinariatskanzler der Erzdiözese Wien, Helmut Krätzl, der andere der Bischofsvikar des Vikariats Süd und Dompropst von Wiener Neustadt, Florian Kuntner.

## 3. Kapitel:

# Sorge um die Gemeinden

In Wiener Neustadt herrschte am 26. November 1977 Festtagsstimmung. Die Stadt präsentierte sich festlich geschmückt, die meisten Häuser waren beflaggt, die Kirchenglocken läuteten, und – die Einwohner trauten ihren Augen nicht – am Amtssitz des sozialistischen Bürgermeisters Barwitzius hing die Kirchenfahne. Dieser freudige Empfang galt dem Bischofsvikar des Vikariats Wien-Süd und Propst des Wiener Neustädter Domes, dem neuen Weihbischof Florian Kuntner. Der Einzige, der sich nicht festlich gestimmt zeigte, war der Himmel, denn es regnete in Strömen. So drängten mehr als 2000 Menschen in den Dom, um von der Begrüßungszeremonie doch etwas mitzubekommen. Zahllose Reden wurden geschwungen, auch vom SPÖ-Bürgermeister, der sich so unter dem Motto „Wir sind Bischof" über die dadurch erfolgte Aufwertung seiner Stadt besonders zu freuen schien.

Natürlich gab es auch zahlreiche Geschenke für Bischof Kuntner, aber vermutlich dürfte er sich über jene ganz besonders gefreut haben, die aus dem Personenkreis kamen, der für sein Leben besonders wichtig war: Einen Bischofsstab schenkte ihm seine Familie, die Mitra kam von zwei mit ihm freundschaftlich verbundenen Priestern und die neuen bischöflichen Gewänder spendete die Heimatgemeinde Kirchberg.

Florian Kuntner war in seinem Element. Es war ein Fest, so ganz in seinem Sinne. Die von seiner Schwester Agnes selbst gebackenen Minibrote mit der auf die Not in anderen Ländern verweisenden Aufschrift „Einfacher leben, damit andere überleben" erwiesen sich rasch als zu wenig, aber das tat der Stimmung keinen Abbruch.

Sechs Tage vorher, am 20. November 1977, erfolgte durch den Erzbischof von Wien, Kardinal Franz König, im Wiener Stephansdom die Weihe von Florian Kuntner und Helmut Krätzl zu Weihbischöfen der Erzdiözese Wien. Der von Rom genehmigte Vorschlag basierte auf einer klugen Personalentscheidung des Kardinals. Mit dem auf die Menschen zugehenden und rasch Kontakte knüpfenden Florian Kuntner hatte er einen Mann in seinem Team, dem das Leben in den Pfarren ein großes Anliegen war. Der sich mitten im Leben der Gemeinden am wohlsten fühlte. Dem entsprach auch sein bischöflicher Wahlspruch „Sorge um die Gemeinden" (2 Kor 11,28). Auf Helmut Krätzl konnte er sich dagegen in der notwendigen strukturellen Leitung der Erzdiözese verlassen, die der exzellente Kirchenrechtler und wortgewandte Theologe in der geforderten Straffheit erledigte. Außerdem war Krätzl während seines Studiums in Rom als Stenograph bei den Sitzungen des Konzils tätig gewesen, daher war ihm die Umsetzung der Konzilsergebnisse ein großes persönliches Anliegen. Auch sein Wahlspruch entsprach seinem Programm „In der Kraft Gottes".

Die Verschiedenheit der Charaktere der beiden neuen Weihbischöfe zeigte sich auch bei der Feier im Dom – Florian Kuntner lächelnd und nach dem Weiheakt nach allen Seiten winkend, Helmut Krätzl ernst und konzentriert auf das Ereig-

Der neue Weihbischof *Foto: Fam. Kuntner*

nis. Beide Männer, zum Zeitpunkt ihrer Weihe Mitte Vierzig, standen in ihrem Kirchen- und Glaubensverständnis stellvertretend für eine neue Priestergeneration. Als Kinder hatten sie eine durch das NS-Regime verfolgte und in ein „Sakristei-Getto" gezwungene Kirche erlebt; als Jugendliche fanden sie nach 1945 ihre Heimat in einer Kirche, die den Menschen in den schwierigen Zeiten des Neubeginns Mut, Halt und Zuversicht gab. Beide entschieden sich aus Begeisterung, Priester zu werden. Ihre Ausbildung erhielten sie noch im vorkonziliaren Gedankengut, doch geprägt für ihr priesterliches Wirken wurden Kuntner und Krätzl vom Ereignis des Zweiten Vatikanums. Die Umsetzung der Konzilsbeschlüsse in das Leben der Kirche, aber vor allem der Pfarrgemeinden, betrachteten beide als ihre Lebensaufgabe.

Zum Zeitpunkt ihrer Weihe bot die Kirche von Österreich, die Erzdiözese Wien vor allem unter der Leitung von Kardinal Franz König, viele Möglichkeiten, um den vom Konzilspapst Johannes XXIII. formulierten Begriff „Aggiornamento" (Öffnung zur Welt) umzusetzen. Für viele kirchlich Engagierte, denen die notwendigen Reformen noch zu langsam vorangingen, waren die beiden neu geweihten Weihbischöfe Hoffnungsträger, die auch nach dem sich bereits abzeichnenden Ende der Ära König den begonnenen Weg fortsetzen würden. Dass sich die Kirche von Österreich nur ein Jahrzehnt später aber anders präsentieren wird, ahnte kaum jemand unter den festlich gestimmten Menschen an diesem 20. November 1977 in dem bis auf den letzten Platz gefüllten Stephansdom.

Nach allen Festfreuden begann wieder der Alltag. Für die bisherigen Aufgabenbereiche als Dompropst von Wiener

Neustadt und als Bischofsvikar des Vikariats „Unter dem Wienerwald" blieb Kuntner weiterhin verantwortlich. Als neuer Weihbischof musste er aber rechnen, im Laufe der Zeit noch weitere Tätigkeiten bzw. Funktionen übertragen zu bekommen. Kuntners Kapazitäten schienen aber sowieso unerschöpflich zu sein, denn er stürzte sich mit Freude in jede neu sich stellende Aufgabe.

Seiner Vorliebe für das Radfahren blieb er auch trotz der neuen bischöflichen Würde treu. So konnte es schon passieren, dass eine Pfarrgemeinde aus Anlass von Visitation, Erstkommunion, Firmung oder sonstiger kirchlicher Feier schon sehnsüchtig auf den angekündigten Bischof wartete und dabei den einfahrenden, etwas staubigen und verschwitzten Radfahrer gar nicht beachtete. Da blieben so manche Münder voll Erstaunen offen, als sich dieser dann als der erwartete Bischof entpuppte, der sich im Pfarrhaus erst seiner bischöflichen Würde entsprechend restaurieren musste.

Der Schaffner im ÖBB-Lokalzug hingegen glaubte wieder einen ganz gefinkelten Passagier ertappt zu haben, als dieser auf den Hinweis, dass die Mitnahme von Fahrrädern im Zug verboten sei, treuherzig meinte: *„I bin ja der Bischof."* Die trockene Antwort des Amtskappelträgers war: *„Dös kann a jeder sogn."*

Trotz aller Würden und Positionen, die er im Laufe seines Lebens erhielt bzw. einnahm, blieb Florian Kuntner ein Mensch zum Anfassen – und ein Original, dem man seine Originalität auch glaubte, da sie nicht medienwirksam aufgesetzt war. Der „Florl" war einfach so – fröhlich und unkonventionell, auch jähzornig, wenn ihm etwas gegen den Strich

Das „Wiener-Neustädter-Gspann" Florian Kuntner und Hans Barwitzius
*Zeichnung von Gotthard Fellerer*

ging, manchmal etwas blauäugig und naiv, aber immer eine ansteckende Begeisterung ausstrahlend. Er war kein Intellektueller, sondern ein Mann des Volkes. Man glaubte ihm, weil er das lebte, was er verkündigte.

Trotz der nunmehrigen bischöflichen Würde von Florian Kuntner funktionierte die sich ergebende Zusammenarbeit zwischen Stadtverwaltung und Dompropstei weiterhin bestens, weil sich deren Repräsentanten menschlich eben gut verstanden. Kuntner wie Barwitzius waren Personen, die mit den Menschen umgehen konnten und ihre Anliegen gut hinüberbrachten. Und der clevere rote Bürgermeister wusste, welchen Trumpf er mit der guten persönlichen Verbindung zu Kuntner in der Hand hatte. Sie praktizierten das, was auf der höheren politischen Ebene oft nicht so reibungslos funk-

SORGE UM DIE GEMEINDEN

BISCHOFSWAPPEN
FÜR
WEIHBISCHOF FLORIAN KUNTNER
GEWIDMET VON

Die Bulle und das Bischofswappen *Fotos: Diözesanarchiv
ED Wien*

tionierte, nämlich ein von gegenseitiger Achtung geprägtes
Verhältnis zwischen Kirche und SPÖ. Hinter vorgehaltener
Hand hieß es manchmal „Der Kuntner ist ja der Säulenheilige
der SPÖ".

Barwitzius verstand es auch sehr, öffentlichkeitswirksa-
me Gesten zu setzen. Er wusste, was bei den Menschen gut
ankam. So überrumpelte er Kuntner zwei Jahre nach dessen
Weihe mit einem für einen Sozialdemokraten ungewöhnli-
chen Geschenk. Florian Kuntner und Helmut Krätzl hatten
bei ihrer Weihe auf ein ihnen zustehendes Bischofswappen
als nicht mehr zeitgemäß verzichtet und Kuntner erklärte sogar: *„Das passt nicht zu mir."* Bürgermeister Hans Barwitzius
ließ sich davon nicht abhalten und überreichte ihm zu seinem
Geburtstag am 22. März 1979 eine Bulle mit der eingravier-

ten Aufschrift „Gewidmet von Bürgermeister Hans Barwitzius an Weihbischof Florian Kuntner …". Diese enthielt ein für den Weihbischof extra angefertigtes Wappen. Bei der Überreichung dankte der Bürgermeister für das bisherige Wirken des Bischofs „das weit über Ihre Pflichten hinausging", und konnte sich mit dem Versprechen „zur weiteren guten, zielführenden Zusammenarbeit im Dienste der Bevölkerung" einen medienwirksamen Hinweis auf den Gleichklang zwischen Politik und Kirche in Wiener Neustadt nicht verkneifen: „Weil der Wahlspruch des Bischofs und der Auftrag der Stadtverwaltung den gleichen Inhalt haben: Sorge um die Gemeinden".

Die Worte des sich um die Gemeinden in Korinth sorgenden Apostels Paulus wählte Florian Kuntner deshalb zu seinem bischöflichen Wahlspruch, da sein ganzes seelsorgliches Wirken seit seiner Weihe zum Priester auch auf diese Sorge hin ausgerichtet war. Die Pfarrgemeinde war für ihn ein Ort, wo die Menschen nicht nur religiöse Heimat finden, sondern sich auch Kraft zur Bewältigung ihres Lebens holen sollten. Vor allem war die Beziehung zum jeweiligen Pfarrer für das Klima in der Pfarrgemeinde wichtig. Stimmte die „Chemie" zwischen Gemeinde und Pfarrer, dann trug dies entscheidend zu einem aktiven Pfarrleben bei. Die Pfarrangehörigen reagierten daher oft sehr emotionell, wenn „ihr" Pfarrer aus manchmal nicht nachvollziehbaren Gründen von der diözesanen Leitung versetzt wurde. So geschah dies auch in der Pfarre Lichtenegg, als der bisherige Pfarrer in eine andere Gemeinde wechselte. Mit dem Unmut der Pfarrangehörigen wurde Bischofsvikar Florian Kuntner anlässlich einer Visitation konfrontiert. Als er in der Eröffnungsmesse mit der Predigt beginnen wollte, erhob sich geschlossen der Pfarrgemeinderat und verließ aus Protest die Kirche. Zurück blieb ein etwas verdatterter Bischofsvikar, der sich im doch stattfindenden Gespräch sehr offen und verständnisvoll für ihr Problem zeigte.

Ab 1974 begann man im Vikariat „Unter dem Wienerwald" auf Wunsch von Florian Kuntner mit der Erarbeitung eines Personalkonzeptes, das eine Lösung für die sich abzeichnende Situation in den Pfarrgemeinden anbieten sollte. Die Vorgabe war, dass möglichst jede Pfarre in ihren Grundfunktionen – Liturgie, Caritas, Verkündigung – erhalten bleibt. Dies bedingte aber, dass die Gemeindemitglieder in vermehrtem Maße eine Mitverantwortung übernehmen mussten.

Diese verstärkte Einbeziehung der Laien bedeutete für Kuntner aber keine Notlösung, sondern eine für ihn schon längst fällige geschwisterliche Zusammenarbeit in Augenhöhe. Ihm war es ein Anliegen, von der immer noch bestehenden Einstufung „Kirche" ist gleich „Amtsträger" endlich wegzukommen. Seiner Meinung nach litt die Kirche nämlich *„noch immer unter dem geschichtlichen Erbe eines mittelalterlichen Kirchenverständnisses"*. Die notwendige „Erdung" der Kirche könnte aber nur geschehen, wenn sie auch auf den Füßen der Laien stehen würde.

Kuntners Anliegen war, die Menschen zu einem lebendigen Christsein zu motivieren. Dabei konnte er sich auf eine Aussage des Konzils berufen (Lumen gentium, 1964), wonach alle Gläubigen, Männer wie Frauen, begründet durch Taufe und Firmung, am priesterlichen (Heilsvermittlung), prophetischen (Verkündigung) und königlichen (Leitung) Amt Christi teilhaben. Das bedeutete für ihn, dass die Laien durchaus Dienste in der Kirche übernehmen könnten bzw. sollten und man den Mut haben müsste, Neues zu wagen.

Die gesellschaftlichen Umstände und die Situation in der Kirche erwiesen sich zu diesem Zeitpunkt für das Ausprobieren neuer Modelle als günstig. Außerdem verfügte Kuntners „Vorzeigevikariat" über das dafür notwendige Potential an geeigneten Personen. Das auf diesen Vorgaben beruhende und vom Personalausschuss des Vikariats erarbeitete Konzept wurde von Kuntner dann auch im Vikariatsrat und in der Dechantenkonferenz, aber auch in den Pfarrgemeinderäten zur Diskussion gestellt, denn niemand sollte sich übergangen bzw. von der Einbringung von Ideen ausgeschlossen fühlen. Als Mann der Praxis wusste er Bescheid, wie man vorgehen musste, um nicht nur deshalb auf Ablehnung zu stoßen, weil sich jemand übergangen fühlte.

Nach dreijähriger ausführlicher Diskussion in allen Gremien des Vikariats wurde im November 1977 das erarbeitete Personalkonzept für die Pfarrseelsorge im November 1977 Kardinal König vorgelegt und von diesem für künftige Personalentscheidungen im Vikariat „Unter dem Wienerwald" genehmigt.

Neu in diesem Konzept war, dass es neben den in der Gemeinde tätigen Pastoralassistenten und Kommunionhelfern nun auch die Position eines Gemeindeassistenten vorsah. Wenn ein Priester mehreren Gemeinden vorzustehen hatte, so sollte der Gemeindeassistent die Bezugsperson zwischen Priester und Teilgemeinde sein. In Absprache mit

Auf einer Podiumsdiskussion zum Thema „Parteien, Kirche und die Krise. Plädoyer für eine Moral", 1978 in Wien, mit dem damaligen Bundeskanzler Bruno Kreisky (links) und Josef Taus (rechts), der zu dieser Zeit Bundesparteiobmann der ÖVP war. *Foto: Archiv Tyrolia/Johann Gürer*

dem Priester, der aber letztverantwortlich blieb, konnte der Gemeindeassistent Leitungsaufgaben in der Pfarrgemeinde übernehmen. Ursprünglich wollte man diese Funktion als „Gemeindeleiter" bezeichnen, was aber auf Widerstand in der Erzdiözese stieß. Eine solche Bezeichnung hätte nämlich als mögliche Vorstufe zur Ausübung eines priesterlichen Dienstes auch für verheiratete Männer („viri probati") gesehen werden können. Man einigte sich auf „Assistent", was von

Im Gespräch mit der Jugend, Erzbischöfliches Palais Wien, 1978
*Foto: Archiv Tyrolia/Johann Gürer*

einigen Mitarbeitern des Personalausschusses höchst erregt als „Umfaller von Kuntner" bezeichnet wurde. Von ihm war es eigentlich nur Klugheit, denn warum hätte er das ganze Projekt nur durch das Beharren auf einer Bezeichnung gefährden sollen?

Die Tätigkeit des Gemeindeassistenten konnte haupt-, neben- oder ehrenamtlich erfolgen, wobei eine bereits absolvierte Ausbildung zum Kommunionhelfer wünschenswert war. Als ideal wurde natürlich für diese Leitungsfunktion die

Weihe zum Diakon betrachtet. In der Pfarre Münchendorf (Bezirk Mödling) übernahm der von Weihbischof Kuntner zum Diakon geweihte Helmut Schriffl als Erster die Funktion eines Gemeindeassistenten. Was als Modellversuch startete, erwies sich rasch als erfolgreich.

Voraussetzung für das Funktionieren des Konzeptes war die spirituelle und theologische Bildung bzw. ständige Weiterbildung der Mitarbeiter. Der Ideenreichtum des Mitarbeiterteams rund um Florian Kuntner zur Erstellung eines vielfältigen Programmes war groß und jeder, der sich für das Leben in der Kirche engagieren wollte, fand ein für ihn passendes Angebot. Es gab Besinnungsabende, Einkehrtage, Gebetskreise, Exerzitien, Wallfahrten, Bibelrunden und diverse theologische Bildungsangebote im Bildungshaus St. Bernhard.

Für viele der absolute Höhepunkt war sicherlich der Besuch eines Glaubenskurses in Rocca di Papa. Einem Ort südlich von Rom, am Albaner See gelegen, in der Nähe der Päpstlichen Sommerresidenz Castel Gandolfo. In einem von Pius XII. als Geschenk bekommenen Haus hielt der Gründer der Erneuerungsbewegung „Bewegung für eine bessere Welt", der Jesuit Riccardo Lombardi († 1979), Schulungen für Laien, Ordensangehörige und Priester ab. Angeregt durch das „Lombardi-Zentrum" in Salzburg, griff man im Vikariat den Gedanken auf, auch solche Schulungen zu veranstalten.

Für Florian Kuntner wurde die Leitung dieser einwöchigen Kurse, gemeinsam mit dem Zisterzienserpater Franz Edlinger aus Heiligenkreuz und Fritz Giglinger, zu einem jährlichen Pflichttermin. Das Programm setzte sich aus einer Mischung von Weiterbildung und Besichtigung zusammen. Am Vormittag gab es Vorträge und Diskussionsrunden, am Nachmittag wurden Rom und seine Kirchen erkundet. Ein unbedingtes Muss jeder Reise war der Abschluss in der Stadt des heiligen Franziskus – Assisi.

Kuntners Begeisterung war in dieser Woche einfach mitreißend. Er selbst eröffnete die Kurse stets mit seinem Referat über „Geglückte Beziehungen". Es ging ihm dabei um die Beziehung zum eigenen Dasein, zum Sosein, zu den Mitmenschen und zur Mitwelt. Mit diesen vier Punkten setzte er sich immer wieder in seinen Predigten, Vorträgen und Meditationen auseinander. Geglückte oder geheilte Beziehungen bildeten für ihn die unbedingt notwendige Basis für ein Leben in Christus. Er wusste dies aus eigener Lebenserfahrung.

Die Teilnehmer erlebten ihren Kursleiter aber nicht nur als einen motivierenden Vortragenden, sondern auch als Hauptakteur von „Bunten Abenden", mit denen die doch anstrengenden Tage jeweils ausklangen. Er konnte mit unzähligen Witzen und Schüttelreimen für Stimmung sorgen und ließ auch, animiert vom guten italienischen Wein, seine wohltönende Stimme erklingen. Auch da war sein Programm vielfältig – es reichte von Oper über Operette bis zum Wienerlied. Für viele Teilnehmer wurde diese Woche in Rocca di Papa zu einem für ihr Leben in der Kirche wichtigen Glaubens- und Gemeinschaftserlebnis.

Zusätzlich zu seinen Aufgabenbereichen als Weihbischof, Bischofsvikar, Dechant und Dompropst übernahm Florian Kuntner im April 1980 bei den „Päpstlichen Missionswerken" die Funktion des Nationaldirektors für Österreich.

Durch sein bisheriges Engagement in seinem Vikariat für die Anliegen der Länder der Dritten Welt war er dafür die richtige Galionsfigur. Mit dem geschäftsführenden Generalsekretär, dem Steyler Missionar P. Jakob Mitterhöfer SVD, kam es bis zum Tod von Florian Kuntner im Jahr 1994 zu einer kongenialen Zusammenarbeit. Beide gingen bei ihrer Arbeit von einem neuen Missionsverständnis aus – weg von der Mentalität der bisher in den Kirchen um Spenden bittenden und dafür dankenden Figur des „nickenden Negerleins", hin zu einer partnerschaftlich von Helfern wie Betroffenen geplanten Strukturverbesserung in jenen Ländern, wo Hunger und Unterdrückung herrschten. Und beide, Kuntner wie Mitterhöfer, eckten dadurch sehr oft in Rom bei der Durchsetzung ihrer Ideen und Vorstellungen an, vor allem durch ihre öffentlichen Aussagen bei der für die Mission zuständigen „Kongregation für die Evangelisierung der Völker" (bis 1967 „Congregatio de propaganda fide" an). Was sie vom Einsatz für ihre Ziele aber nicht abhielt.

Zu Beginn der 1980er-Jahre genoss die Kirche in Österreich großes Ansehen in Gesellschaft, Medien und auch Politik. Kardinal Franz König und sein Team standen für eine Kirche des Dialogs, der Toleranz und Offenheit. Da man wusste, dass die „königliche" Ära infolge der Altersgrenze dem Ende zuging, beschäftigte viele engagierte Katholiken bereits die Frage: Wie würde es weitergehen? Wer würde die Kirche weiter führen?

Mit dem Besuch von Papst Johannes Paul II. in Österreich im September 1983 und dem gleichzeitig stattfindenden Katholikentag „Hoffnung leben – Hoffnung geben" gab die Kir-

Der Nationaldirektor der Päpstlichen Missionswerke Österreich prüfte den Käse (linkes Foto) und ließ sich von der Arbeit der Basisgemeinden (rechtes Foto) in der Demokrat. Republik Kongo berichten. *Fotos: Archiv Tyrolia/Ernst Stürmer*

che noch ein kräftiges Lebenszeichen von sich. Trotz aller Euphorie tauchten aber bereits Zweifel auf, ob sich der gezeigte Schwung auch als in die Zukunft führend erweisen würde. Knapp nach diesem kirchlichen Großereignis hatte der Linzer Pastoraltheologe Wilhelm Zauner diesbezüglich schon Bedenken: „Es hat sich gezeigt, dass Kirche zündet. Ob der Motor auch angesprungen ist und rund laufen wird?" Und zwei Jahre später meinte der geistliche Assistent des Katholikentages, Alois Kraxner CSsR, nüchtern: „Beim Katholikentag und Papstbesuch 1983 gab es Taborerlebnisse. Nachher ging es wieder ins Tal Richtung Jerusalem. Das erhoffte neue Pfingsten für die Kirche von Österreich hatte nicht stattgefunden." Der „Motor" lief bereits bei den Vorbereitungen für den Katholikentag nicht ganz rund. Der mit der Organisa-

tion von der Österreichischen Bischofskonferenz betraute
Weihbischof Helmut Krätzl wurde von Beginn an mit einem
unterschwelligen Misstrauen seitens Roms konfrontiert. So
fragte ihn der ehemalige Nuntius in Österreich, Kardinal
Opilio Rossi, bei einem Rom-Besuch aus Anlass der notwendigen Vorbereitungsarbeiten: „Ihr werdet den Papst doch
hoffentlich freundlich empfangen." Es war spürbar, dass man
in gewissen Kreisen, und nicht nur in Österreich, bereits begann, die Weichen für die Ära nach König zu stellen, da diese
für manche von zu viel Offenheit und innerkirchlichem Plu-
ralismus geprägt war. In Rom stieß man dafür, wie sich bald
zeigte, auf offene Ohren.

Nach dem 80. Geburtstag von Kardinal König am 3. August 1985 wurde dessen Rücktrittsgesuch durch Rom ange-

nommen. Im September 1985 wählte das Wiener Domkapitel für die Zeit der Sedisvakanz Weihbischof Helmut Krätzl zum Diözesanadministrator. Viele Katholiken sahen bereits in einem der beiden Weihbischöfe, Helmut Krätzl oder Florian Kuntner, den möglichen Nachfolger, der das Erbe Königs im Geist des Konzils in die Zukunft weiterführen würde. Doch Vertreter des konservativen Ecks in der Kirche und auch der bürgerlichen ÖVP, die jetzt den Zeitpunkt für eine Kurskorrektur des Kirchenschiffs in ihrem Sinne gekommen sahen, gaben bereits die Parole aus: Weder Krätzl noch Kuntner dürfe es werden.

## 4. Kapitel:

# Die Stimme der Stimmlosen

Die Bestellung von Florian Kuntner zum Nationaldirektor der Päpstlichen Missionswerke Österreichs könnte man fast als ein Eingreifen des Heiligen Geistes betrachten. Der die Öffentlichkeit nicht scheuende und sich engagiert zu Wort meldende Kuntner war der richtige Mann am richtigen Platz. Er konnte überzeugend die Menschen motivieren, sich mit dem neuen Missionsverständnis des Zweiten Vatikanums auseinanderzusetzen, und ihnen plausibel machen, dass dieses in einem gegenseitigen Geben und Nehmen liege. Ein nicht zu unterschätzender Aspekt war aber auch, dass der neue „Chef" ein Meister im Geldaufbringen war. *„Ich bin nicht gratis zu haben"*, ließ Kuntner alle wissen, die bei ihm für einen Vortrag bzw. eine Diskussionsrunde anfragten. Da an manchen Veranstaltungen bis zu 1500 Menschen teilnahmen, kam immer eine schöne Summe zusammen, die dringend für die verschiedenen Hilfsprojekte gebraucht wurde. Jede Woche tauchte Bischof Florian in den Missionswerken auf und legte zur Freude seiner Mitarbeiter ein Bündel Geldscheine auf den Tisch.

Seine erste Reise als Missio-Chef machte Kuntner nach Afrika, und zwar nach Zaire, heute Demokratische Republik Kongo, und Burundi, gemeinsam mit seinem Generalsekretär, P. Jakob Mitterhöfer SVD, und in Begleitung von Sr. Lea Ackermann von den „Misssionsschwestern Unserer Lieben Frau von Afrika", einer exzellenten Kennerin der Situation in Afrika. Zur Einführung in sein neues Aufgabengebiet war die Begleitung dieser beiden „Missionsprofis" sehr wichtig. Er selbst bereitete sich intensiv auf diese Reise vor und versuchte auch einige Worte in der Landessprache zu erlernen. Denn zumindest begrüßen wollte er die Menschen in ihrer Sprache. Eine Geste, die er später bei allen seinen Reisen in ferne Länder beibehielt. Er wollte damit ein Zeichen der Solidarität und des Interesses an Land und Menschen setzen. Mit der ihm eigenen Intensität setzte er sich daher auch mit den Sitten und Gebräuchen des zu besuchenden Landes auseinander.

Durch seine herzliche und auf die Menschen zugehende Art wurde Kuntner aber auch mit und ohne Sprachenkenntnisse sofort mit offenen Armen aufgenommen. Er zeigte nie Berührungsängste gegenüber der einheimischen Bevölkerung und fühlte sich mitten unter ihnen am wohlsten. Großes Gespür hatte er auch für die Sorgen und Nöte der Missionare. In den afrikanischen Ländern waren es die auf der materiellen Ebene liegenden Probleme seiner bischöflichen Mitbrüder, für die er Verständnis zeigte. In Afrika gingen „die Uhren anders", da war auch der Bischof von der finanziellen Sorge um seine Herkunftsfamilie samt riesiger Verwandtschaft nicht befreit. In Rom hatte man für die sich ständig in Geldnöten befindlichen Amtskollegen wenig Verständnis, aber bei Florian Kuntner fanden sie für ihre Anliegen nicht nur ein offenes Ohr, sondern auch Unterstützung: „Er ist unser Bruder,

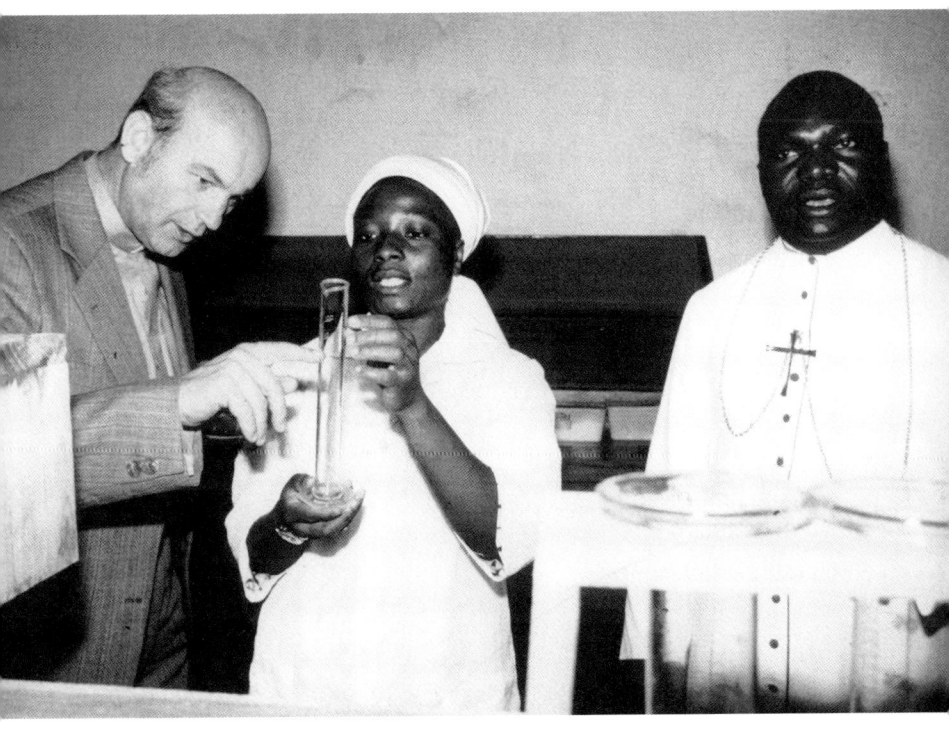

Florian Kuntner informierte sich mit Bischof Ngabu von Goma über die Herstellung eines Serums gegen Cholera und andere Krankheiten.
*Foto: Archiv Tyrolia/Ernst Stürmer*

Freund und Beschützer. Er versteht uns, aber Rom macht uns mundtot." Bald geriet er in die Rolle des Sprechers seiner Mitbrüder aus Afrika und Asien. Die Hilfe war gegenseitig, auch Kuntner konnte auf deren Unterstützung zählen, wenn er in Rom wieder einmal Probleme bekam. Und die bekam der österreichische Nationaldirektor ziemlich oft, sowohl durch seine klaren Wortmeldungen als auch durch verschiedene, mit seiner Unterstützung in Österreich gesetzte Aktivitäten.

Florian Kuntner wurde bei seinen Besuchen stets mit offenen Armen aufgenommen.
*Fotos: Diözesanarchiv ED Wien*

Mit der Übernahme des Vorsitzes der Päpstlichen Missionswerke betrat Florian Kuntner die Ebene der Weltkirche. Er verließ damit den abgegrenzten und überschaubaren Bereich eines Vikariats der Erzdiözese Wien, wo öffentliche Aussagen nicht so großes mediales Gewicht bekamen und die „römische Sichtweise" bei allen Aktivitäten nicht unbedingt miteinbezogen werden musste. Mit einem Wort, hier hatte man mehr Spielraum.

Aufmerksam verfolgt – sowohl von kirchlichen Kreisen als auch von der Politik – wurden dagegen die Aussagen und Unternehmungen des Nationaldirektors. Da Kuntner zwar sehr spontan, aber nicht immer diplomatisch auf politische oder kirchliche Ereignisse reagierte, geriet er rasch in das Visier der

öffentlichen Kritik. Besonders dann, als er neben seinen Aufgaben als Weihbischof der Erzdiözese Wien und Bischofsvikar für die Anliegen der Mission noch die Funktion des Vorsitzenden von „Iustitia et Pax" und „Pax Christi Österreich" übernahm. Beide Einrichtungen, die eine als Kommission der Österreichischen Bischofskonferenz, letztgenannte als Teilorganisation der internationalen katholischen Friedensbewegung, setzen sich für die Friedenssicherung und Wahrung der Menschenrechte ein. Ziele, die auch Florian Kuntner wichtig waren und auf deren Einhaltung er immer wieder öffentlichkeitswirksam drängte.

Als ihm ein geistlicher Mitbruder einen sehr untergriffig formulierten Brief zu einem von Kuntner gegebenen ORF-

Florian Kuntner mit Bischof Awa aus Kamerun in Rom
*Foto: Archiv Tyrolia/Päpstliche Missionswerke/Josef Mann*

Interview schrieb, in dem er angeblich zu sehr seine persönliche Meinung als jene von Rom vertrat, war seine Antwort: *„Am allerwenigsten gefällt es mir, wenn jemand mir sagt, ab nun soll ich kuschen!"* Seiner Überzeugung nach war Ängstlichkeit keine christliche Haltung.

„Gekuscht" hat Florian Kuntner auch nicht, als die Kirche von Österreich nach dem altersbedingten Rücktritt von Kardinal Franz König durch einige von Rom aus ohne Einbeziehung der Ortskirche erfolgten Bischofsernennungen in arge

Turbulenzen geriet. Kuntner gehörte zu diesem Zeitpunkt bereits dem Domkapitel zu St. Stephan in Wien als Domherr an. Als Weihbischof wurde er von der Österreichischen Bischofskonferenz mit den Referaten „Weltkirche", „Kirchliche Erneuerungsbewegungen" und dem Ressort „Friede, Menschenrechte, Soziale Gerechtigkeit" betraut. Er war in diesen Bereichen sozusagen der Verbindungsmann auf gesamtösterreichischer Ebene zwischen den einzelnen Bewegungen sowie Organisationen und der Bischofskonferenz. Dies ergab insgesamt eine Fülle von Aufgaben, die ihn auch unmittelbar mit der ab Mitte der 1980er-Jahre neuen und emotional sehr gespannten Situation in der Kirche von Österreich konfrontierten.

Im Juli 1986 wurde die Nachfolge des ein Jahr vorher emeritierten Wiener Erzbischofs, Kardinal Franz König, von Rom aus geregelt. Die Entscheidung des Papstes fiel auf den Benediktinerpater Dr. Hans Hermann Groër, wobei die Präferenz der Ortskirche keine Berücksichtigung fand. Denn auf der vom Klerus und den Laien erstellten Kandidatenliste befand sich unter den zehn Erstgereihten sicherlich nicht der Name des bisherigen Wallfahrtsdirektors von Maria Roggendorf. Sehr wohl waren hier die Namen der beiden Weihbischöfe Krätzl und Kuntner gereiht, die aber für Rom keine Garanten für die erwünschte „Kurskorrektur" in der Kirche von Österreich gewesen wären.

Das Erstaunen, auch Befremden war daher groß, dass ausgerechnet ein weithin unbekannter Wallfahrtsdirektor die Nachfolge des über die Grenzen Österreichs hinaus auf kirchlicher und auch politischer Ebene hoch angesehenen Wiener

Erzbischofs antreten sollte. In Rom dagegen war der Name Groër schon bekannt, dafür sorgte der um Papst Johannes Paul II. sich scharende Kreis von Würdenträgern, denen die weltoffene Art Kardinal Königs wenig gefallen hatte. In Österreich kaum wahrgenommen, oder vielleicht auch unterschätzt, wurde der Informationsweg, der von diesem im nördlichen Niederösterreich gelegenen Wallfahrtsort Richtung Rom ging. Als Gäste von Hans Hermann Groër trafen sich bei den monatlichen Wallfahrten seit längerem Vertreter der hohen Geistlichkeit aus Italien, Deutschland und vor allem Polen, die ausführlich den polnischen Papst über dieses Zentrum marianischer Frömmigkeit und über das Tun in den Diözesen Österreichs informierten. Als Bischof von Krakau erhielt auch Karol Wojtyla eine Einladung nach Maria Roggendorf, konnte diese aber infolge der bevorstehenden Papstwahl nicht annehmen.

An diesen Treffen nahmen auch prominente Vertreter des öffentlichen Lebens in Österreich teil, die durchwegs dem „konservativen Eck" zuzurechnen waren. Sie wollten wieder eine Kirche auf „(Rom-)Linie", denn in ihr Kirchenbild passte weder die gute Gesprächsbasis Kardinal Königs zu den anderen Religionen noch der Brückenschlag zur Sozialdemokratie, und schon gar nicht die von König tolerierten Wortmeldungen der katholischen Laienorganisationen zu diversen, neu aufbrechenden, gesellschaftlichen Fragen.

Am 14. September 1986 wurde Hans Hermann Groër durch seinen Vorgänger Kardinal Franz König zum Bischof geweiht und übernahm damit die Leitung der Erzdiözese Wien. Wenn auch bei vielen Menschen, die diese Zeremonie mitverfolg-

Reise nach Tur Abdin, das am Oberlauf des Tigris im Südosten der heutigen Türkei liegt, um die dort ansässigen Christen zu unterstützen
*Foto: Diözesanarchiv ED Wien*

ten, die Gefühle sehr gemischt waren, so ahnte kaum jemand, in welche Zerreißprobe die Kirche von Österreich in den kommenden Jahren durch diese Bestellung geraten würde. Denn die Weihe von Groër war erst der Anfang von weiteren Bischofsernennungen durch Rom ohne Einbeziehung der Ortskirche. Der nächste Paukenschlag war die Ernennung des aus Oberösterreich stammenden und in Regensburg lehrenden Theologieprofessors Kurt Krenn zum Weihbischof der Erzdiözese Wien.

Zu den ersten Taten des neuen Erzbischofs Hans Hermann Groër zählte der Austausch von Mitarbeitern in seiner unmittelbaren Umgebung. Außerdem wollte Groër neben Helmut Krätzl, Florian Kuntner und Karl Moser noch einen vierten Weihbischof haben, aber einen seiner Wahl. Die von ihm dafür vorgeschlagenen Kandidaten stammten alle nicht aus der Erzdiözese Wien, was ein weiterer Beweis seines großen Misstrauens war. Geschickt ausgenützt wurde diese Situation von jenen Kreisen, die statt Groër eigentlich lieber Kurt Krenn als Erzbischof in Wien gesehen hätten. Sie kontaktierten ihre Verbindungen in Rom und so kam Kurt Krenn, der ein Garant für vorkonziliares Denken war, doch noch für eine bischöfliche Position zum Zug.

Solche Turbulenzen wie den Aufstand der Wiener Dechanten gegen die Bestellung Krenns oder die massiven Proteste der katholischen Organisationen hatte die Erzdiözese Wien noch nie erlebt. Die Weihe von Kurt Krenn am 26. April 1987 fand sogar unter Polizeieinsatz statt. Der Bischofskandidat musste über die aus Protest am Boden liegenden Menschen erst hinweggehoben werden.

Florian Kuntner musste von diesen Ereignissen in seiner Kirche zutiefst getroffen gewesen sein. Er hatte das Gefühl, handeln zu müssen. Vor allem, als die Mitglieder der Österreichischen Bischofskonferenz die dritte Bischofsernennung, und zwar die ihres bisherigen Generalsekretärs, Alfred Kostelecky, zum Bischof der neu geschaffenen Militärdiözese aus der Zeitung erfahren mussten. In einem der Tageszeitung „Die Presse" gegebenen Interview (13. April 1987), das von vielen Blättern im deutschsprachigen Raum übernommen wurde, machte Kuntner kein Hehl daraus, dass er sich persönlich durch diese Vorgangsweise *„schlecht behandelt und verletzt fühle".* Kämpferisch meinte er, dass es *„nicht zum Wesen des Christentums gehört, sich alles gefallen zu lassen".*

Bereits am 14. März 1987 hatte Kuntner daher einen Brief an Papst Johannes Paul II. geschrieben, worin er sehr offen die durch die jüngsten Bischofsernennungen entstandene Situation in der Kirche von Österreich schilderte. Er versicherte dem Papst, dass er sein Schreiben mit niemandem abgesprochen habe, aber er wolle sich *„all das von der Seele schreiben, um Sie zu informieren … Ich kann nur vermuten, dass Sie zu wenig oder sogar falsch informiert worden sind. Deshalb wende ich mich direkt an Sie."* Er bat den Papst am Ende seines drei Seiten umfassenden Briefes um die Möglichkeit einer Privataudienz. Diese wurde ihm auch gewährt, und zwar bereits am 7. Mai 1987. Einige seiner Mitbrüder warnten ihn, diese Fahrt zu unternehmen: „Du wirst ohne Bischofskreuz zurückkommen". Er ließ sich aber nicht beirren und fuhr, denn er fühlte sich dazu verpflichtet *„aus persönlicher Sorge über die Entwicklungen in Österreichs Kirche".*

In einer Aktennotiz hielt Kuntner nach seiner Rückkehr die Privataudienz beim Papst in den wichtigsten Punkten fest:

*So habe ich gleich zu Beginn des Gespräches nochmals versichert, dass es mein eigener Wunsch war, um dieses Gespräch zu bitten. Ich hatte nämlich zu Beginn des Gespräches deutlich gemerkt, dass Johannes Paul II. der irrigen Annahme sei, der Wiener Weihbischof trete hier als Sprecher kritischer Gruppen aus seiner Diözese auf. Das Hauptbedenken des Papstes bestand*

Privataudienz bei Papst Johannes Paul II. *Foto: Diözesanarchiv ED Wien*

*darin, dass in Wien „eine Spaltung – was die Lehre und die sich daraus ergebende Praxis betrifft – unter Priestern und Gläubigen vorhanden sei …" Ich habe ihm aber nachdrücklich versichert, dass es an der Rechtgläubigkeit und Kirchlichkeit der sich kritisch äußernden Gruppen keinen Zweifel gebe. Dezidiert habe ich dem Papst erklärt, dass sich eben viele, durch die, im Gegensatz zu der Praxis der letzten zwanzig Jahre, jetzt allein von Rom erfolgten Bischofsernennungen „überfahren" fühlten. Besonders auch deshalb, da der Papst erst kürzlich auf die Wichtigkeit eines Dialogs hingewiesen habe. Und gerade dieser sei mit jenen Personen, die ein sachgerechtes Urteil zu den Bischofsernennungen zu fällen imstande gewesen wären, eben ausgeblieben.*

Es sind sehr offene Worte und auch starke Formulierungen, die ein Papst vermutlich nicht sehr oft zu hören bekommt, mit denen Florian Kuntner ihm seine Sorge mitteilte. Der Aktennotiz ist auch zu entnehmen, dass der Papst sich Zeit nahm für dieses Gespräch und ein offenes Ohr für die Anliegen des Wiener Weihbischofs zeigte. Er versicherte Kuntner seiner Wertschätzung und bat um dessen persönlichen Einsatz für die Wiederherstellung von Frieden und Einheit in der Erzdiözese Wien.

Einen Monat später, beim vorverlegten Ad-limina-Besuch der österreichischen Bischöfe im Juni 1987 in Rom, hörte sich vieles schon wieder anders an. Der Papst appellierte an die Bischöfe, „die klar bekundete Einmütigkeit aller Bischöfe mit dem Heiligen Stuhl … wird der sicherste Weg sein, um die Polarisierung zu überwinden …" Keinen Zweifel ließ er auch daran aufkommen, dass dem Papst allein das Recht zur freien Ernennung der Bischöfe zustünde. Das war eine klare Absage an das von Klerikern und Laien geforderte Mitspracherecht, das Florian Kuntner als größtes Anliegen bei dieser Privataudienz vorbrachte.

Es nützte auch nichts, dass Kuntners Amtsbruder, Weihbischof Helmut Krätzl, infolge der sich zuspitzenden Situation, am 30. September 1987 ebenfalls einen Brief an den Papst richtete, in dem er ihm die Entwicklung in der Erzdiözese Wien seit der Ernennung der Bischöfe Groër und Krenn in klaren Worten schilderte: „Die Situation in Wien ist derzeit so, dass die Diözese nahezu nicht regiert wird." Offen sprach Krätzl an, dass durch Erzbischof Groër weder pastorale Impulse noch Stellungnahmen zu gesellschaftspolitischen Fragen erfolgten. Wogegen Krenn durch Inhalt und Art seiner Aussagen in der Öffentlichkeit für heftigen Unmut sorgte. Vier Monate später teilte ihm Kardinalstaatssekretär Kardinal Agostino Casaroli mit, dass der Papst seiner Anliegen gern im Gebet gedenke.

Das generelle Misstrauen Erzbischof Groërs gegenüber seinen Mitarbeitern bekam auch Florian Kuntner sehr bald durch Eingriffe in seine Amtsausübung zu verspüren. Es war natürlich anzunehmen, dass Groër von Kuntners römischem „Alleingang" sofort erfuhr, aber, seiner Persönlichkeitsstruktur entsprechend, zur Klärung nicht das persönliche Gespräch suchte, sondern auf andere Art und Weise dem aufmüpfigen Weihbischof sein Missfallen zeigte.

So musste Florian Kuntner auf Veranlassung des Erzbischofs sein Amt als Bischofsvikar des Vikariats „Unter dem

Wienerwald" mit Ende Juli 1987 zurücklegen, obwohl er nach der ersten fünfjährigen Funktionsperiode auf unbestimmte Zeit dafür bestellt war und sich daher keiner Wiederwahl stellen brauchte. Gemunkelt wurde auch, dass ihn Groër deshalb abberief, weil er damit das zu selbständige Agieren des Vikariats, vor allem auf pastoraler Ebene, unterbinden wollte. Kuntner selbst meinte nur *„18 Jahre sind genug. Ich bin kein Sesselkleber."* Außerdem nahmen ihn die Agenden des Päpstlichen Missionswerkes und die von der Österreichischen Bischofskonferenz übertragenen Aufgaben schon voll und ganz in Anspruch. Ab Juli 1987 sollte er auch noch das neu gegründete „Amt für Mission und Entwicklungshilfe in der Erzdiözese Wien" leiten. Es war sozusagen das „Außenamt der Erzdiözese", das u. a. die Aufgabe der Koordinierung aller kirchlichen, mit Entwicklungshilfe befassten Einrichtungen hatte und auch Kontakt zu den in der Mission Tätigen halten sollte. Für das neue Amt gab es zwar ein eigenes Budget, doch personell war es „auf Sparflamme" ausgestattet. Mit nur einer Sekretärin, der Caritas-Socialis-Schwester Elisabeth Graf, und Rudolf Vogel, der Chauffeur und zugleich „Mädchen für alles" war, konnte die Fülle der Arbeit nur durch restlosen Einsatz aller Beteiligten erledigt werden.

Das Amt selbst hatte Erzbischof Groër bald nach seiner Ernennung zum Chef der Erzdiözese installiert, und zwar zwanzig Jahre nach Veröffentlichung der Enzyklika „Populorum progressio", worin u. a. „Partnerschaft mit den jungen Kirchen und die Sorge um ein weltweites Teilen …" eingefordert wurde. In der Position eines Bischofsvikars hatte Florian Kuntner die Leitung übertragen bekommen. Es traf ihn daher wie ein Blitz aus heiterem Himmel, als er nur wenige Monate später vom damaligen Generalvikar der Erzdiözese Wien, Rudolf Trpin, in einem Vier-Zeilen-Brief verständigt wurde, dass das Amt mit 1. Jänner 1988 auf ein „Referat" zurückgestuft wurde. Kuntner war fassungslos, vor allem, da vorher kein Gespräch mit ihm darüber stattfand und er nun vor vollendete Tatsachen gestellt wurde. Er lehnte in einem Brief, datiert mit 15. Jänner 1988, die Umbenennung, die damit begründet wurde, dass die Bezeichnung ‚Amt' angeblich nur großen Bereichen vorbehalten sei, in Anbetracht der weltweiten Aufgabenfülle kategorisch (!) ab. Er könne nicht annehmen, dass *„man die Mitverantwortung der Ortskirche für die Universalkirche ignorieren will … und jenen, die die-*

*se Idee hatten, die Aussagen des Zweiten Vatikanums und der Päpstlichen Dokumente … nicht bekannt waren, noch weniger, dass man sie ignoriere. Daher meine ich, dass hier zu schnell gehandelt wurde."* Kuntner ersuchte um umgehende Revidierung des Beschlusses vom 31. Dezember des Vorjahres.

Erzbischof Groër blieb bei seiner Entscheidung, konnte aber damit auch nicht verhindern, dass diese nicht ganz nachvollziehbare Maßnahme Weihbischof Florian Kuntner trotz „reduzierter Amtsfunktion" weder von seinem intensiven persönlichen Einsatz für die ihm übertragenen Aufgaben, noch von öffentlichen Wortmeldungen abhielten. Und diese waren oft sehr direkt, denn von den verschlungenen Formulierungen, deren sich die kirchlichen Amtsträger gerne bedienten, hielt er persönlich gar nichts.

Als im Dezember 1990 die Missionsenzyklika „Redemptoris missio" von Johannes Paul II. erschien, kritisierte er bei einer öffentlichen Diskussion die zu komplizierte Sprache kirchlicher Dokumente. Auch er müsse diese oft dreimal lesen, um sie zu verstehen. Dies wäre, nach Kuntners Ansicht, auch der Grund, warum viele Menschen mit Aussagen der Kirche nicht einverstanden sind, weil *„ihnen ein tiefergehendes Verständnis durch die komplizierte Sprache erschwert wird".* Als Draufgabe der ohnehin schon brisanten Kritik meinte Kuntner noch, dass er auch die neue Enzyklika als zu lang und in der Diktion zu anspruchsvoll finde. Diese über die Nachrichtenagentur „kathpress" irrtümlich von einem Volontär verbreitete Kritik eines Wiener Weihbischofs an einem päpstlichen Dokument verbreitete sich in Windeseile weltweit, sogar bis nach Japan. Die Journalisten stürzten sich auf diese Aussage und kommentierten sie je nach ihrer Einstellung zum Vatikan. Für Kuntner gab es damit in Rom wieder einen „schwarzen Punkt".

Auch manches Kirchenmitglied, das aus dem konservativen Eck kam, hatte mit seinen Stellungnahmen keine Freude. Vor allem, wenn sie sich auf Themen wie Ehemoral, Abtreibung, Umweltschutz und die Ausländerfrage bezogen. Manchmal wurde sein Sekretariat von den eingegangenen Leserbriefen regelrecht „überflutet". Florian Kuntner machte sich die Mühe, jeden Brief zu beantworten, selbst wenn sich die Schreiber einer untergriffigen Diktion bedienten. Einem Kritiker, der ihm schrieb: „Wenn Sie Ordinarius werden, dann trete ich aus der Kirche aus …", schickte er sogar Blumen als versöhnliche Geste, die vielleicht doch etwas zu übertrieben war.

In seiner geräumigen Domherrenwohnung am Wiener Stephansplatz lud Florian Kuntner gerne Gäste ein. Hier trafen sich sowohl Politiker aller Couleurs, um im kleinen Kreis brisante gesellschaftliche Themen zu besprechen, wie Gäste der Päpstlichen Missionswerke, die gerade in Österreich zu Besuch waren, oder seine engsten Freunde und Mitarbeiter aus seinem ehemaligen Vikariat. Selbst eine müde und verstaubt einlangende Wallfahrergruppe der Franziskusgemeinschaft konnte ihn als Gastgeber nicht aus der Fassung bringen. Der Kühlschrank war für solche Fälle immer gut gefüllt. Kuntner war ein exzellenter Gastgeber und bekochte seine Gäste selbst mit großer Hingabe. Berühmt weit und breit war sein Apfelstrudel. Für das Ausziehen des hauchdünnen Teiges, wofür es viel Fingerspitzengefühl benötigt, brachte er, der sonst sehr Umtriebige, sogar die dafür notwendige Geduld auf. Aber auch Schweinsbraten mit Serviettenknödeln oder Palatschinken fanden sich auf Kuntners Speiseplan.

Für alle in der Entwicklungspolitik und in der Friedensbewegung Tätigen war Florian Kuntner ein Glücksfall. Bei ihm fanden sie Verständnis für ihre Anliegen und Forderungen. Den von der Kirche geforderten Einsatz für die Würde aller Menschen formulierte er stets klar und eindeutig. Kuntner war zutiefst überzeugt, dass die Christen, wenn es um Krieg und Frieden geht, nicht schweigen dürfen: „*Gerade wir müssen uns aus unserem Glauben heraus gegen den Krieg in Wort und Tat engagieren.*" Kuntner wurde damit zur Galionsfigur verschiedener Protestaktionen kirchlicher Organisationen gegen Gewalt und Verletzung der Menschenrechte. Seitens der Politik trug ihm dies den Vorwurf der Fremdeinmischung ein und die offizielle Kirche reagierte darauf überwiegend mit Distanz und Unverständnis. Südafrika mit seiner Apartheid-Politik war so ein Fall, wo sein Engagement auf enormen Widerstand stieß.

Es war der Bericht eines österreichischen Missionars, der die Mitglieder der „Koordinierungsstelle der Österreichischen Bischofskonferenz für internationale Entwicklung und Mission" (KOO) und deren Vorsitzenden Weihbischof Kuntner motivierte, sich mit der vom südafrikanischen Staatspräsidenten Pieter Willem Botha betriebenen Apartheid-Politik intensiv auseinanderzusetzen. Durch die seit 1948 gesetzlich verankerte Rassentrennung und die damit verbundene Vorherrschaft der weißen Bevölkerung Südafrikas erreichte der seit den 1940er-Jahren schwelende Konflikt nun einen Höhepunkt. Detaillierte Informationen über die ständigen

In der Domherrenwohnung am Stephansplatz wurden die Gäste mit Hingabe bekocht. Kuntners Apfelstrudel war berühmt. *Foto: E. Grabmayer*

Menschenrechtsverletzungen erhielt das Team um Florian Kuntner auch vom Generalsekretär des südafrikanischen Kirchenrates, der bei einer Europa-Tour um Unterstützung der christlichen Kirchen bat. Außerdem nahm die Koordinierungsstelle auch Kontakt zur südafrikanischen Bischofskonferenz auf, um nähere Details zu erfahren.

Im Oktober 1985 veröffentlichte die Koordinierungsstelle eine Erklärung, die von einigen katholischen Organisationen mitgetragen wurde. Darin wurden die menschenverachtenden Methoden der Apartheid-Politik angeprangert und Sanktionen gegen Südafrika gefordert. Als Vorsitzender stand Florian Kuntner voll und ganz hinter dem Beschluss und war auch dafür, damit an die Öffentlichkeit zu gehen. Der dadurch ausgelöste Wirbel war groß, konzentrierte sich überwiegend auf Kuntner und zog sich über Jahre.

In der Bischofskonferenz hielten einige Bischofskollegen die beschriebenen Übergriffe durch die Apartheid-Politik auf die schwarze Bevölkerung als zu übertrieben dargestellt und man meinte, dass das Engagement des Weihbischofs Kuntner zu politisch wäre. Mit einem Wort, man war mit Florian Kuntners Tun nicht ganz einverstanden bzw. man hatte sich auch mit dem Problem Südafrika zu wenig auseinandergesetzt. In der bürgerlichen Volkspartei (ÖVP) betrachtete man das Vorgehen sowieso als unnötige Einmischung seitens der Kirche, wobei die heftigste Kritik vom Wirtschaftsflügel der Partei kam, denn hier witterte man sofort eine Gefahr für die mit Südafrika getätigten guten Geschäfte.

Ins Schussfeld der waffenerzeugenden Industrie kam Kuntner, als er als Vorsitzender von „Iustitia et Pax" 1989 an die Klubobmänner der Parlamentsparteien appellierte, sich für eine Novellierung des Kriegsmaterialgesetzes einzusetzen. Auf Grund der bestehenden Gesetzeslage wären nämlich Waffenlieferungen nach Südafrika, trotz der von der österreichischen Regierung 1985 verhängten Sanktionen, auf legalem Weg noch immer möglich. Das Verbot konnte durch die Deklarierung, dass es sich „um Waffen für *nicht* kriegerische Zwecke handle", umgangen werden. Durch eine Gesetzesnovelle solle daher die Einfuhr aller Waffen verboten werden, so Kuntners Forderung.

Der Aufschrei über diese Einmischung war groß und die Bezeichnung „Bischof der Linken" für Florian Kuntner war noch die harmloseste. So warf ihm die erzkonservative Zeitschrift „Der 13." vor, dass er „seine Zuneigung zu kommunistischen Revolutionären in Südafrika nicht verleugnen könne". Und in der Zeitschrift „Industrie" der Industriellenvereinigung prangerte man ebenfalls seine extrem ablehnende Haltung gegen Südafrikas Politik an, und dass er bewusst ein verzerrtes Bild von den politischen Gegebenheiten zeichne: „Kuntner unterstützt Boykottmaßnahmen, spricht der gegenwärtigen Regierung Südafrikas jeden guten Willen ab und spricht von einem Täuschungsmanöver des rassistischen Apartheid-Regimes ..." Am Schluss des Artikels stellte der namentlich nicht genannte Verfasser die Frage, ob das Handeln von Bischof Kuntner und der Funktionäre von „Iustitia et Pax" „wirklich neutestamentlicher Friedenspolitik" entspreche.

Als Kuntner mit Vertretern von „Iustitia et Pax" 1988 nach Südafrika reisen wollte, um sich vor Ort ein Bild zu machen, zeigte das Regime seine „Krallen". Der Gruppe wurde kein

Florian Kuntner mit rund 17.000 gesammelten Unterschriften, die der südafrikanischen Botschaft in Wien am 19. Februar 1987 übergeben wurden, um die Freilassung von Gefangenen zu erwirken, die vom Apartheid-Regime festgehalten wurden. *Foto: Archiv Tyrolia/Johann Gürer*

Visum erteilt. Offiziell hieß es, dass sich das „Einreiseverbot" nicht gegen Personen richte, aber „der Zeitpunkt sei ungünstig, da gerade Kommunalwahlen stattfinden". Als sich die Lage in Südafrika unter dem neuen Staatspräsidenten Frederik Willem de Klerk doch langsam zu entschärfen begann, wurde zwei Jahre später einer Delegation von Vertretern der Österreichischen Bischofskonferenz und von „Iustitia et Pax" dann doch die Einreise gestattet. „kathpress" meldete, dass an der

Florian Kuntner ruft im April 1988 in den christlichen Kirchen Österreichs zum Gebet für das Ende der Apartheid in Südafrika auf
*Foto: Archiv Tyrolia/ Johann Gürer*

auf Einladung der katholischen Bischofskonferenz des Südlichen Afrikas stattfindenden 14-tägigen Reise auch der Grazer Diözesanbischof Johann Weber und der Wiener Weihbischof Florian Kuntner teilnehmen werden. Ziel dieser Reise sei, sich ein Bild zu verschaffen, ob sich die österreichische Kirche weiterhin für Sanktionen gegen das Apartheid-Regime einsetzen solle, und wenn ja, für welche.

Im Mittelpunkt von Florian Kuntners Engagement für den Frieden und gegen jede Gewaltanwendung stand aber nicht nur Südafrika mit seiner Apartheid-Politik. Vehement sprach er sich dagegen aus, dass man die Ende des 20. Jahrhunderts weltweit aufbrechenden Konflikte überwiegend mit Waffengewalt lösen wolle: *„Dies bringt nur neues Leid über unzähli-*

*ge Menschen und nichts kann den tausendfachen Tod und die Verwüstung rechtfertigen.*" Ob es die Kriegsvorbereitungen am Golf waren, die Notlage der Christen in der Südosttürkei, die Eskalation der Gewalt während der Balkankriege, die blutige Niederschlagung der Friedensbewegung in China, die Situation in Lateinamerika … Weihbischof Kuntner erhob, vor allem in seiner Eigenschaft als Vorsitzender der Österreichischen Kommission „Iustitia et Pax" und „Pax Christi", seine Stimme gegen bestehendes Unrecht und zeigte sich solidarisch mit allen Verfolgten. Für seinen Einsatz konnte er auch stets prominente Mitstreiter aus anderen christlichen Kirchen gewinnen.

Nur wenig Verständnis für sein Engagement hatte man in seiner Kirche, schon gar nicht in der Politik und auch nicht immer in den Medien. Manchen Zeitgenossen jagte er damit sogar den Blutdruck in die Höhe. So informierte der damalige Chefredakteur der Tageszeitung „Die Presse", Thomas Chorherr, in einem Leitartikel seine Leser, dass er wegen Kuntners naiven Wortmeldungen „im Namen seiner blauäugigen und naiven Vereinigung" (gemeint war „Pax Christi") zu blutdrucksenkenden Mitteln greifen musste. Kuntners Antwort war: „*Wer wirklich naiv ist, lässt sich erst im historischen Abstand mehrerer Jahre beurteilen.*"

Florian Kuntner blieb, zumindest äußerlich, von allen Anfeindungen unbeeindruckt. Man konnte fast meinen, dass ihn diese Misstöne sogar noch mehr anstachelten, seinen, nur dem Gewissen verpflichteten Weg weiterzugehen. Daran hindern konnten ihn keine wirtschaftlichen Überlegungen, kein politisches Kalkül und auch nicht die Kompromissbereitschaft der kirchlichen Diplomatie: „*Wo es um die Menschenwürde und um die Abschaffung eines Systems geht, das diese Menschenwürde der Mehrheit der Bevölkerung vorenthält, darf es keine Kompromisse geben.*" Durch seinen bedingungslosen Einsatz für Frieden und Gerechtigkeit wurde er damit zur Stimme all jener, deren Stimme ungehört blieb.

## 5. Kapitel:

# „Vorlaut" aus Liebe zur Kirche

Das Priesterleben von Florian Kuntner wurde wesentlich vom II. Vatikanischen Konzil bestimmt. Die Aussagen des Konzils hatten ihm eine neue Gedankenwelt eröffnet. Er sah jetzt die Möglichkeit gegeben, neue Ideen zu überlegen, diese auch in der Praxis auszuprobieren, um dadurch zu einer die Menschen ansprechenden „Lebendigkeit der Kirche" beizutragen. Ab den 1980er-Jahren, zwanzig Jahre nach dem Konzil, begann sich die Situation in der Kirche aber zusehends zu verändern bzw. wieder zu verengen. Nach Kuntners Meinung habe die Kirche „*Angst vor dem eigenen Mut*" bekommen und Leute als „*Bremser*" die Bühne betreten, die den Kirchenzug stoppen bzw. auf andere Geleise stellen wollten. Er litt darunter, dass die Freiheit des Denkens plötzlich ins Gegenteil umzuschlagen begann: „*Wenn ich daran denke, was wir Ende der sechziger Jahre alles denken durften, ohne einen Rüffel von oben zu bekommen, und wenn ich dagegen sehe, wie vorsichtig man heute manches formulieren muss, um nur ja nicht eine Katastrophe herbeizuführen, dann frage ich mich, warum das so sein muss?*" (Auf einem Studientagung im Bildungshaus St. Michael, Matrei 1993)

Vorsicht bei Meinungsäußerungen walten zu lassen, gehörte gerade nicht zu den Stärken von Florian Kuntner. Davon konnte ihn auch ein drohender „Rüffel" nicht abhalten. Er äußerte sich so, wie er es empfand, ohne Wenn und Aber. So kritisierte er, dass im Gegensatz zu dem vom Konzil geforderten „*mündigen Christen*" wieder ein Kirchenbild Vorrang bekomme, das nicht nur jenen konservativen Kreisen entspreche, die das Rad der Zeit vor dem Konzil zurückdrehen wollten, sondern auch dem Amtsverständnis von Papst Johannes Paul II.: An der Spitze steht der Papst, dann die Bischöfe, Priester, zum Schluss die Laien und die geduldete Nachhut bilden die Frauen. „*Es entgeht uns aber viel, wenn wir die Verkündigung nur den Männern und das Sagen den Hierarchen zuschreiben.*" Kuntner hätte sich gerade durch die gemeinsame Mitverantwortung des Volkes Gottes neue Chancen für die Kirche erhofft, denn „*Laien wie Priester, Bischof wie Papst haben nach ihrer besonderen Berufung und Sendung, nach ihrer persönlichen Bestimmung und nach ihren ureigensten Begabungen einen besonderen Dienst an der Kirche zu erfüllen*".

Besonders stark machte sich Florian Kuntner für die Aufwertung der Stellung der Laien in der Kirche. Entschieden verwahrte er sich dagegen, diese als „*Christen zweiter Klasse*" zu betrachten, deren man sich nur je nach Bedarf bedient. Als Pfarrer und Bischofsvikar hatte er ihr vielfaches Engagement kennen und schätzen gelernt. Er wusste, dass nur durch deren unermüdlichen Einsatz ein aktives Pfarrleben überhaupt aufrechtzuerhalten sei. Die Erfahrungen der Praxis hatten seine Einstellung aber nicht nur zum Thema „Laien in der Kirche" geprägt, sondern auch seine Haltung zur Stellung der Frau in der Kirche. Er sah, dass gerade in jenen kirchlichen Gremien und Pfarrgemeinderäten die Arbeit äußerst effizient erfolgte, wo sich Frauen gleichberechtigt mit ihrer Sichtweise einbringen konnten. Die Frauen dankten ihm auch diese Haltung, denn von vielen kirchlichen Amtsträgern wurde das sich bereits in der Gesellschaft geänderte Rollenbild der Frau nur mit Vorbehalten akzeptiert. Florian Kuntner hingegen war wichtig, dass sein Mitarbeiterstab aus Frauen und Männern bestand, mit denen man gemeinsam die Weichen für die Zukunft der kirchlichen Arbeit stellen konnte.

In Vorträgen und Predigten griff er auch immer wieder die brisante Frage der „Frauenordination" auf, obwohl er sich damit über das entschiedene, in päpstlichen Aussagen getroffene „Nein" sowohl von Paul VI. als auch von Johannes Paul II. hinwegsetzte. Letzterer hatte in seinem im August 1988 erschienenen Apostolischen Schreiben „Mulieris dignitatem" (Über die Würde und Berufung der Frau) ausdrücklich festgehalten, dass nur dem Mann die priesterliche Berufung vorbehalten ist. Kuntner dagegen hielt das Argument, dass Frauen „weiheunfähig" seien, trotzdem für *„nicht stichhaltig"*, auch wenn man sich dabei auf Jesus berufe. Die Stellung der Frau in der Kirche, auch in der Gesellschaft, dürfe *„nicht mit der linken Hand und mit traditionellen Argumenten abgetan werden"*. Er forderte daher ein *„neues und vorurteilsloses Überdenken"* der Frage.

Warum Kuntner die Priesterweihe von Frauen als ein *„Problem ganz großer Dringlichkeit"* ansah, war sicher auch auf seine, anlässlich einer Reise nach Lateinamerika gewonnenen Eindrücke zurückzuführen. Gegenüber „kathpress" erzählte er, dass er Gebiete besucht hatte, wo nur zweimal im Jahr die Gläubigen mit der Anwesenheit eines Priesters rechnen konnten. Geleitet wurden die Pfarren die übrige Zeit von Ordensfrauen, die aber ihre pastoralen Aufgaben nur innerhalb der kirchlich gesetzten Grenzen ausüben durften. Für ihn sei daher die Frage der Priesterweihe der Frau *„ein hochbrisantes kirchenpolitisches Anliegen"*.

Diese Stellungnahme allein hätte eigentlich schon genügt, dass Kuntner ins römische Visier geraten wäre. Er äußerte sich aber noch zu einem anderen brisanten Thema. Als Weihbischof Helmut Krätzl in einem ORF-Journal (1. August 1992) die Meinung äußerte, die Zölibatsverpflichtung für Priester kirchenrechtlich neu zu überdenken, und damit eine hitzige öffentliche Debatte auslöste, unterstützte er diesen Vorschlag. Konkret ging es um die Zulassung bewährter verheirateter Männer („viri probati") zum Priesteramt. Ein Vorschlag, der in Rom schon vielfach unterbreitet wurde, aber stets auf entschiedene Ablehnung stieß. Florian Kuntner argumentierte, dass angesichts des immer spürbarer werdenden Priestermangels, worunter die pastorale Arbeit bereits leide, die Auseinandersetzung mit den Themen „Zölibat" und auch „Frau und kirchliches Amt" dringend stattfinden müsse. Für ihn stand fest, *„ob es jemand passt oder nicht, ob er sich ärgert oder freut, die Diskussion geht trotz Entscheidung auf höchster kirchlicher Ebene weiter"*.

Da Florian Kuntner in den Medien bereits für „gute Sager" bekannt war, holten verschiedene österreichische Tageszeitungen in Interviews auch seine Meinung zu dieser brisanten Thematik ein. Sie wurden nicht enttäuscht, denn Kuntner ergänzte noch den Krätzl-Vorschlag, indem er meinte, dass *„die Wahl der Lebensform – auch nach der Weihe – zum ursprünglichen Recht des Priesters gehört"*. Er sehe nämlich, dass

„*hervorragende Priester ihr Amt aufgeben müssen, nur weil sie Ehe und Familie wollen*".

Fast fünf Monate später holte Rom zu einem Schlag gegen den „vorlauten" Wiener Weihbischof aus. Er erhielt von der „Kongregation zur Evangelisierung der Völker" einen Brief, datiert mit 26. Jänner 1993. Nach einer noch einigermaßen höflichen Einleitung wird konkret auf seine in einigen österreichischen Tageszeitungen (Kurier, Standard, Kleine Zeitung vom 5. August 1992) zu Zölibat und Frauenordination „aufsehenerregenden Erklärungen …, die in vielen Teilen der Welt zu lesen waren …" eingegangen. Vorgeworfen wurde ihm, dadurch die Bischöfe und die Kirche in den Missionsländern schwer zu schädigen, wenn „jemand wie Sie, aufgrund seines Amtes und seiner Kenntnis der missionarischen Wirklichkeit solche Aussagen macht". Der Brief endete mit der Frage, ob Kuntner nach diesen Erklärungen „weiterhin die Leitung der Missionswerke, die ja päpstlich und bischöflich sind, innehaben könne". Man erwarte diesbezüglich Kuntners Antwort.

Unterzeichnet war dieser Brief vom Präfekten der Missionskongregation, Jozef Kardinal Tomko. Pikanterweise hatte Tomko 1989 in Wien im Rahmen eines Festaktes vom Nationaldirektor der Päpstlichen Missionswerke, Florian Kuntner, einen Scheck über 100.000 Dollar erhalten. Der Anlass war das 100-Jahr-Jubiläum des Apostel-Petrus-Werkes der Päpstlichen Missionswerke und Kuntner hatte, sozusagen als Geburtstagsgeschenk, eine Spendenaktion dafür initiiert. Das Geld sollte für die Heranbildung einheimischer Priester in den Missionsgebieten verwendet werden. Kardinal Tomko nahm sowohl die Spende wie die Einladung zu einem, von

Florian Kuntner höchstpersönlich zubereiteten Essen in dessen Domherrenwohnung damals freudig an. Dem römischen Kardinal waren daher die integre Person Kuntners und dessen großes Engagement für „seine" Kirche also nicht unbekannt und trotzdem fand er zu so scharfen Worten.

Der Wiener Weihbischof war von den Anschuldigungen aus Rom zutiefst getroffen, vor allem von dem Vorwurf, durch seine Aussagen die Arbeit seiner bischöflichen Mitbrüder und der Missionswerke schwer geschädigt zu haben. Er habe doch weder für die Abschaffung des Zölibat, noch für die Priesterweihe der Frau votiert, sondern Verständnis gezeigt, dass über neue Zugänge zum priesterlichen Amt infolge der sich abzeichnenden Situation diskutiert werden müsse: *„Was ich gesagt habe, wird heutzutage auf der ganzen Welt privat und öffentlich diskutiert … Von wenigen habe ich dafür Kritik erhalten, sehr viele waren aber dankbar, dass Probleme, die die Katholiken interessieren, auch in ihrer Divergenz aufgezeigt werden."* Kuntner verwies in seinem Antwortschreiben vom 16. Februar 1993 auch darauf, dass seine Aussagen oft aus dem Zusammenhang gerissen veröffentlicht wurden. Entschieden wies er den Vorwurf der Illoyalität zurück und erlaubte sich die Frage: *„Warum hat man, bevor man einen Brief dieser Gewichtigkeit abschickt, nicht mit mir persönlich Kontakt aufgenommen? Im Gespräch hätte ich vieles abklären können."* Die Aufforderung, sein Amt als Nationaldirektor niederzulegen, das er seit dreizehn Jahren ehrenamtlich ausübe, würde er als schweren Schaden für die Missionswerke und die Kirche von Österreich sehen. Im Übrigen, so Kuntner in seiner Antwort, würde er gerne nach Rom kommen, um die Angelegenheit noch persönlich zu besprechen. Eine vorgesehene Sitzung im Mai in Rom würde sich dafür anbieten.

Die Antwort Kardinal Tomkos war kurz und bündig. Anfang Mai fahre er nach Afrika, habe daher keine Zeit und warum hätte er die Angelegenheit vorher mit Kuntner persönlich besprechen sollen, „… wo Sie doch in Wien sind und nicht hier in Rom und ich keine Verzögerung mehr wünschte." Dass ein Bischof Fragen der Medien beantworten muss, wisse er, „… aber er muss auch richtig darauf antworten, d. h. gemäß dem Lehramt der Kirche". Der Brief endete mit der Floskel „Ihr im Herrn ergebener …"

Trotz aller Querschüsse und Angriffe auf seine Person blieb Florian Kuntner in Liebe und Loyalität mit seiner Kirche verbunden. Seine „Freude am Glauben" konnte ihm niemand austreiben. Die Arbeit ging weiter und die Fülle der Aufgaben war auch nicht mehr mit dem Fahrrad zu bewältigen. Auto, Bahn, Flugzeug und sogar manchmal ein Hubschrauber waren jetzt die notwendigen Transportmittel. Kuntner war ein Arbeitstier, bis in die Nacht hinein saß er an seinen Predigten, Vorträgen und Stellungnahmen. Das Licht in seinem Arbeitszimmer ging meist erst gegen Mitternacht aus. Entspannung brachten ihm die Gespräche mit guten Freunden beim Heurigen und Begegnungen in der Cursillo-Bewegung. Florian Kuntner war ein begeisterter „Cursillista". Fast drei Jahrzehnte war er Kolumnist der Cursillo-Zeitschrift, in den letzten vierzehn Jahren vor seinem Tod setzte er sich in Form von Briefen mit dem Zeitgeschehen auseinander. Liest man diese, bekommt man eine Ahnung, was ihn beschäftigte, ihm unter die Haut ging, ihn freute und auch kränkte.

Anfang September 1992 reiste Weihbischof Florian Kuntner gemeinsam mit dem Direktor der Koordinierungsstelle der Österreichischen Bischofskonferenz für Entwicklung und Mission, Dr. Helmut Ornauer, sowie dem Wiener Pfarrer und Basisgemeinden-Pionier in Österreich, Dr. Paul Wess, nach Lateinamerika.

Die erste Station war Santa Maria, wo sie am VII. Gesamtbrasilianischen Treffen der Basisgemeinden teilnahmen. Kuntner war beeindruckt von der Vitalität dieser Gemeinden, die nach dem Konzil und der Konferenz von Medellín des Lateinamerikanischen Episkopats (1968) vor allem in den wirtschaftlichen Randgebieten entstanden sind. Was er hier erlebte, war genau das, was seiner Vorstellung von einer von den Gläubigen gestalteten lebendigen Kirche abseits vom hierarchischen Denken entsprach. Gelebt wurde in diesen kleinen Basisgemeinden, sehr oft ohne Priester, ein solidarisches Miteinander im Glauben sowie im Alltag des Lebens. Florian Kuntner war restlos begeistert.

Die Delegation aus Österreich setzte aber nicht nur durch ihre Teilnahme an diesem Treffen ein Zeichen der Solidarität, sondern auch durch die Übergabe einer Liste mit 5500 Unterschriften an Diözesanbischof José Ivo Lorscheiter. Damit sollten die drei von den Basisgemeinden an die in Santo Domingo stattfindende IV. Lateinamerikanische Bischofskonferenz gerichteten Forderungen – Einsatz für eine gerechte Wirtschaftsordnung, Option für die Armen und Inkulturation des Glaubens – auch eine Unterstützung aus Österreich erfahren.

Durch die während seiner mehrwöchigen Lateinamerikareise gewonnenen Eindrücke fühlte sich Florian Kuntner in seiner Vision von Kirche, in der Communio aktiv gelebt wird, vielfach bestätigt. Er verstand auch, dass die meisten Priester in Lateinamerika, konfrontiert mit der *„zum Himmel schreienden Armut"*, sich der Spiritualität und den Anliegen der Befreiungstheologie verpflichtet fühlten. Auch wenn sie von Rom durch Instruktionen immer wieder aufgefordert wurden, sich davon zu distanzieren.

Im Rahmen ihrer Reise besuchten die Österreicher auch Bischof Erwin Kräutler in dessen Missionsgebiet in Amazonien. Florian Kuntner war der erste österreichische Bischof, der seinen aus Vorarlberg stammenden Amtsbruder in der Prälatur Xingu aufsuchte. Auch hier wurden sie mit einer geschwisterlichen, die einheimische Kultur respektierenden Kirche konfrontiert, in der man versuchte, die Anliegen der Befreiungstheologie, nämlich den Einsatz für die Armen, Ausgegrenzten und Unterdrückten, zu verwirklichen. In einem nach seiner Rückkehr der Wiener Kirchenzeitung gegebenen Interview stellte Florian Kuntner fest, dass *„die meisten Priester in Lateinamerika Befreiungstheologie leben, ohne viel theoretisch darüber zu reden. Schließlich sei es Aufgabe der Kirche, sich gegen Unterdrückung, Gewalt, Not und Hunger aufzulehnen."* Pointiert wie immer meinte er, dass die Befreiungstheologie *„keine Maschinengewehrtheologie sei"*, auch wenn man ihr immer politische Motive und marxistische Tendenzen nachsage.

Mit Bischof Kräutler verband Florian Kuntner eine, wenige Monate vorher im Frühjahr 1992 stattgefundene Solidaritätsaktion, die einen für Österreichs Kirche nicht gerade rühmlichen Hintergrund hatte. Die stets im August veranstalteten Salzburger Hochschulwochen standen diesmal aus Anlass

500 Jahre Entdeckung Amerikas durch Christoph Kolumbus unter dem Motto „Evangelium und Inkulturation". Als Festredner war Missionsbischof Erwin Kräutler vorgesehen, auch in seiner Funktion als Präsident des Indianer-Missionsrates der Brasilianischen Bischofskonferenz. Im April wurde plötzlich publik, dass der Salzburger Erzbischof Georg Eder, dessen Bischofsernennung in der Ära Groër erfolgte, seinen Amtsbruder Kräutler als Festredner ausgeladen hätte. In einem ORF-Interview begründete dies Eder damit, dass „Kräutler zu einseitig, um nicht zu sagen linkslastig sei". An seiner Stelle habe er den Präfekten der Glaubenskongregation, Joseph Ratzinger, der seiner Meinung nach „den größeren Weitblick habe", nun als Festredner eingeladen.

Florian Kuntner und Erwin Kräutler im Auditorium der Wirtschaftsuni beim Vortrag „Globale Solidarität – Chance für die Zukunft", 1990 in Wien
*Fotos: E. Grabmayer*

Vermutlich hatten dem Salzburger Erzbischof einige, anlässlich Kräutlers Europa-Tour in Vorträgen gemachte Äußerungen nicht gepasst. Der Missionsbischof erklärte nämlich, dass das 500-Jahr-Jubiläum ein Anlass für die Kirche sei, „sich der Wahrheit zu stellen". Die Missionsarbeit wäre, mit Ausnahmen, keine Evangelisierung, sondern eine Europäisierung gewesen, da kein Dialog mit der indianischen Kultur stattfand, sondern diese großteils vernichtet wurde.

Die Ausladung Kräutlers durch Eder hatte einen Aufschrei der verschiedensten Organisationen und Institutionen in ganz Österreich zur Folge. Auch der Nationaldirektor der Päpstlichen Missionswerke, Florian Kuntner, solidarisierte sich mit Bischof Kräutler, *„der ganz im Sinne päpstlicher Enzy-*

*kliken und der Option für die Armen an vorderster Front steht … und der Völkermord an den Indianern eine historische Tatsache ist, die nicht geleugnet werden kann"*. Kuntner kündigte zugleich einen Besuch der Prälatur Xingu anlässlich seiner nächsten Lateinamerikareise im September an.

Zuvor gab es aber noch ein Treffen in Wien. Der damalige Wiener Bürgermeister Helmut Zilk lud im Rahmen der „Wiener Vorlesungen" zum Thema „500 Jahre Lateinamerika – kein Grund zum Feiern" Erwin Kräutler als Vortragenden ein. „Was in Salzburg nicht geht, ist in Wien möglich", so motivierte medienwirksam der SPÖ-Politiker seinen Entschluss.

Der 1200 Personen fassende Rathaus-Festsaal war mit 2000 Menschen total überfüllt. Mehr als tausend Menschen harrten noch vor den verschlossenen Toren, um vielleicht doch Einlass zu bekommen. Als Beweis der Solidarität mit ihrem Mitbruder nahmen an der Veranstaltung auch die Wiener Weihbischöfe Florian Kuntner und Helmut Krätzl teil.

Die Auseinandersetzung zwischen Eder und Kräutler war auch ein Zeichen für die zunehmende Polarisierung in der Kirche von Österreich, wozu vor allem die autoritär getroffenen Bischofsernennungen seitens Rom beitrugen. Die Wogen gingen hoch, als im Juli 1991 die Ernennung des umstrittenen Wiener Weihbischofs Kurt Krenn zum Bischof der Diözese St. Pölten bekannt wurde. Wieder geschah dies ohne die Einbeziehung des Vorgängers, Bischof Franz Zak, und auch nicht der Österreichischen Bischofskonferenz in die Entscheidungsfindung. In seinem monatlichen Brief an die Cursillistas greift Florian Kuntner diese von Rom gepflogene Vorgangsweise auf: „*Manche bedenkliche Entwicklung wäre vermeidbar gewesen, wenn die Lokalkirche in Österreich mehr gehört worden wäre, als dies der Fall war. Ein Mehr an Information und Dialog untergräbt nicht die Entscheidungsvollmacht des Papstes, des Heiligen Stuhles oder der Bischöfe, sondern stellt sie vielmehr auf eine fundierte Basis.*"

Nicht nur in der Kirche, auch auf der politischen Ebene wurden die Töne rauer. Die totalitäre Herrschaft des Kommunismus brach in den Ländern des Ostens in sich zusammen und veränderte das Bild Europas radikal. Mit dem Fall der Grenzzäune brachen auch alte Konflikte wieder auf. Die unter dem kommunistischen Regime mit eiserner Faust zur gemeinsamen „Sozialistischen Föderativen Republik Jugoslawien" zusammengeschlossenen Kleinstaaten am Balkan strebten nun mit aller Macht die Selbständigkeit an. Alte Ressentiments flammten auf und bisherige Nachbarn standen sich plötzlich als Feinde gegenüber. Viele Menschen aus Kroatien, Serbien, Slowenien flüchteten vor den brutalen kriegerischen Auseinandersetzungen nach Österreich. Dazu kamen noch Asylsuchende aus Afrika, Asien oder dem Nahen Osten, die infolge der herrschenden Bürgerkriege aus Angst vor politischer Verfolgung ihre Heimat verließen. Die Politik war auf den Ansturm nicht vorbereitet und die Stimmung in der Bevölkerung drohte sich zu radikalisieren.

In dem bereits aufgeheizten Klima kündigte der damalige Chef der Freiheitlichen Partei (FPÖ), Jörg Haider, ein Volksbegehren zur Ausländerfrage an, das unter dem Motto „Österreich zuerst" stehen sollte. Florian Kuntner reagierte als Präsident der bischöflichen Kommission „Iustitia et Pax" sofort auf diese Ankündigung. Er wäre fassungslos über das monatelange Trommelfeuer gegen Ausländer in Österreich. Seiner Meinung nach sei dieses Volksbegehren auch das erste, das nicht ein Sachthema zum Gegenstand hätte, sondern sich gegen Menschen richten würde: *„Und das ist für mich und für sehr, sehr viele andere Christen in Österreich zutiefst abzulehnen … Ich bin sehr sensibel für alles, was nach Menschenverachtung aussieht."*

Hier seine Erklärung vom 20. November 1991 im Wortlaut:

## Ich habe Angst vor der Fremdenangst

Ich habe Angst vor der Fremdenangst. Vor ihren Folgen für die „Fremden", aber auch für uns Österreicher. Ich habe Angst, dass auch in Österreich wie in anderen Ländern Westeuropas rund um das Ausländer-Problem ein aufgeheiztes Klima entstehen könnte, in dem Gewalt und Gegengewalt regieren, in dem Menschen zu Tode geprügelt und Flüchtlingsunterkünfte in Brand gesteckt werden.

Ich habe Angst um die politische Kultur in Österreich, wenn heranrückende Wahltermine genügen, um hochgehaltene Grundsätze, humane Gesinnung und bisweilen sogar Anstand über Bord zu werfen und tatsächlich vorhandene, aber bei gutem Willen aller Beteiligten durchaus zu lösende Probleme auf Kosten der Schwächsten und Rechtlosesten in politisches Kleingeld umzumünzen. Ich habe Angst vor einer Medienmacht, die missbraucht werden könnte.

Ich habe Angst vor einer Gesellschaft, die sich anschickt, Menschen nur nach ihrer Nützlichkeit und Brauchbarkeit zu

Wiener Vorlesungen zum Thema „500 Jahre Lateinamerika – kein Grund zum Feiern", 1992. Von links P. Jakob Mitterhöfer, die Weihbischöfe Helmut Krätzl und Florian Kuntner. *Foto: E. Grabmayer*

beurteilen, und die jedem die Türe weist, für den kein wirtschaftlicher Bedarf besteht. Ich habe Angst um unser Zusammenleben, wenn Herzenshärte zur Tugend und Egoismus zur allein bestimmenden Maxime werden sollten.

Ich habe Angst vor dem Vergessen. Angst, dass wir je vergessen könnten, wohin Antisemitismus, Rassendünkel und Fremdenverachtung in letzter Konsequenz zu führen vermögen. Angst, dass wir verdrängen könnten, in welchem Maße Politiker aller Lager und leider auch Christen für den Wahn unseres Landsmannes Adolf Hitler den geistigen Nährboden bereitet haben. Angst, dass jüngste Meinungsforschungsergebnisse nicht die Alarmglocken läuten lassen könnten.

Ich habe Angst vor der Blindheit. Dass wir blind sein könnten für die Ursachen der Tragödie, die so viel Leid über unser südliches Nachbarland bringt und die auch noch andere Völker dieses Kontinents heimzusuchen droht: existentielles Misstrauen gegenüber Menschen anderer Herkunft, anderer Kultur, anderer Religion; die Weigerung, eigenen Lebensraum und auch das Brot mit ihnen zu teilen; und schließlich bewusst geschürter Nationalismus und Chauvinismus.

Aber ich habe auch Hoffnung. Hoffnung, dass sich in unserem Land doch noch die gar nicht so geringen Kräfte durchsetzen werden, die einer unseligen Entwicklung entgegenwirken möchten. Die darum wissen, wie entscheidend es ist, bereits den Anfängen zu wehren.

Ich habe Hoffnung, dass es genügend verantwortungsvolle und weitsichtige Politiker gibt, die sich weigern, aus Fremdenfeindlichkeit politisches Kapital zu schlagen; die willens sind, sachliche Probleme – und dass es sie im Zusammenhang mit der Ausländerfrage gibt, soll nicht geleugnet werden – auch auf sachliche Art und ohne Verrat an den Prinzipien der Menschlichkeit zu lösen.

Ich habe die Hoffnung, dass immer mehr Medien und Journalisten ihr Wort und ihre Macht für ein positives Zusammenleben von Österreichern und Zuwanderern in die Waagschale werfen und die den Blick der Öffentlichkeit auf jene nicht wenigen Fälle richten, in denen Ausländer-Integration durch den guten Willen aller Beteiligten beispielhaft gelungen ist. Journalisten, die Ausländer-Kriminalität nicht verschweigen, die aber auch aufzeigen, dass gerade Arbeitsverbot, Mangel an Unterkunft und Angst vor dem Abschieben so manchen Ausländer in die Kriminalität treiben.

Ich habe die Hoffnung, dass sich der berechtigte Stolz der Österreicher auf ihr Land nicht mit Geringschätzung anderer Völker und Nationen verbindet. Hoffnung, dass Fremdenhass ein Gespenst der Vergangenheit bleibt. Hoffnung, dass wir der Notlage ausländischer Zuwanderer nicht mit Hartherzigkeit, Feindseligkeit und Abweisung begegnen, während uns Ausländer als zahlende Touristen millionenfach willkommen sind.

Ich habe die Hoffnung, dass die Welt und vor allem die Betroffenen nicht unser ganzes Volk danach beurteilen, was Einzelne sich an Schmähungen, Ausbeutung und Gewalt gegenüber Ausländern zuschulden kommen lassen, wie umgekehrt auch die Zuwanderer und Flüchtlinge ein Anrecht haben, nicht kollektiv nach illegalen Handlungen einiger von ihnen beurteilt zu werden. Ich habe aber auch die Hoffnung, dass ein Großteil der ausländischen Zuwanderer nicht sein

Gastrecht missbraucht und seinerseits alles tut, um ein positives Zusammenleben mit der österreichischen Bevölkerung möglich zu machen.

Nicht zuletzt habe ich die Hoffnung, nein die Gewissheit, dass die christlichen Kirchen den Fremden mit Offenheit, solidarischer Haltung und tätigem Beistand begegnen, und dass ihnen die Geschichte nie mehr den Vorwurf machen kann, sie hätten zu einer verhängnisvollen Entwicklung geschwiegen.

Kuntner stellte in einem „kathpress"-Interview am 21. Oktober 1992 die Frage, ob sich die Initiatoren überhaupt bewusst seien, dass *es sich nicht um ‚Fälle', sondern um das Schicksal von Menschen handle*. Wie öfters, wenn ihm eine Sache besonders naheging, überdachte Kuntner nicht immer die Worte, die er dazu spontan äußerte. In diesem Interview erwähnte er, dass die Einwanderer auch aus Eigeninteresse für Österreich wichtig seien, *die in Anbetracht der kommenden geburtenschwachen Jahrgänge ‚reinrassiger' Österreicher dereinst unsere Pensionen zahlen werden*. Es war klar, dass die Gegenseite sofort das Wort „reinrassig" aufgriff. Der Klubobmann der Wiener FPÖ, Rainer Pawkowicz, forderte Kuntner zur Mäßigung auf und meinte, dass „es einem kirchlichen Würdenträger schlecht anstünde, in übler Nazi-Diktion zu sprechen". Florian Kuntner lehnte es ab, auf diese Polemik einzugehen, da es doch ersichtlich sei, dass er dieses unter Anführungszeichen gesetzte Wort ironisch gemeint habe. Der Vorwurf *sei verrückt*, da er seit seinen Kindestagen gegen diese Richtung gekämpft habe und immer ein *„Antinazi"* gewesen sei.

Die Situation verschärfte sich noch, als im Dezember 1992 in Wien die Plattform „SOS Mitmensch" gegründet wurde, in der sich Politiker, Wissenschaftler, Sportler, Künstler und Vertreter aller Kirchen zusammenschlossen. Man wollte die Öffentlichkeit durch verschiedene Aktionen für das Thema sensibilisieren und dem Volksbegehren dadurch keine Chance geben. Als Sprecher der Plattform fungierte u. a. auch der Präsident der bischöflichen Kommission „Iustitia et Pax", der Wiener Weihbischof Florian Kuntner.

Das Volksbegehren fand am 1. Feber 1993 statt. Knapp vorher gab es in Wien eine von der Plattform SOS Mitmensch organisierte Großkundgebung. Mehr als 200.000 Menschen zogen mit Fackeln und Kerzen über den Ring. Am Rathausplatz hielt Weihbischof Florian Kuntner eine Ansprache, in der er „an die Toleranz und Menschlichkeit der Österreicher gegenüber Menschen fremder Herkunft appellierte". Die Teilnahme so vieler Menschen an dieser Kundgebung bezeichnete er als das Großartigste, das dieses Land erlebt hat, und „sich dadurch ungeahnte Kräfte der Menschlichkeit zeigen".

Hier die Rede im Wortlaut:

Was hier in dieser Stunde, und was in diesen Tagen, Wochen und Monaten in Österreich im selben Geist geschieht, gehört zu dem Großartigsten, das dieses Land erlebt hat: Zehntausende Menschen gehen auf die Straße, nicht um für eigene Rechte und Vorteile zu demonstrieren, sondern für die Rechte anderer. Ungezählte Österreicher bemühen sich landauf, landab, Menschen in Not beizustehen. Betriebe, Gemeinden, religiöse und nicht religiöse Organisationen und Gemeinschaften und viele, viele Privatpersonen leisten beispielhafte Hilfe. Menschen öffnen ihre Wohnungen für Flüchtlinge, Pfarren und Klöster bieten den Vertriebenen Zuflucht. Hunderttausende haben ihren Beitrag geleistet und leisten ihn noch, damit die Aktion „Nachbar in Not" ein so außerordentlicher Erfolg werden konnte. Überall entstehen Initiativen, Plattformen und Aktionen gegen Ausländerfeindlichkeit, Fremdenhass, Rassismus und Antisemitismus. Es wird ungeheuer viel getan, um auch die Integration der Zuwanderer und Flüchtlinge zu erleichtern.

Man setzt sich für Toleranz und Verständnis gegenüber Menschen fremder Herkunft ein, man pocht auf ihr politisches, geistiges und kulturelles Heimatrecht in Österreich. Und man bestürmt nicht zuletzt die politischen Verantwortlichen, nicht von der traditionell humanen Flüchtlings- und Asylpolitik unseres Landes abzugehen.

Das alles geschieht selbstlos! Spenden bedeutet Opfer, Engagement kostet Zeit, Kraft und Mühe. Aufnahme von Flüchtlingen bringt Einschränkung mit sich. Arbeit für sie und mit ihnen ist nicht immer leicht – und dennoch sind so viele Menschen in unserem Lande dazu bereit! Ich finde das großartig. Es stärkt mich in der Überzeugung, dass in unserem Volk ungeahnte Kräfte der Menschlichkeit, nein, nicht „schlummern", sondern geradezu aufbrechen, wenn sie gefordert werden. Und dass sie in unseren Tagen gefordert werden, wissen wir alle – durch die Ereignisse in unserer Nachbarschaft, aber ebenso in unserem eigenen Land.

Dieses beeindruckende Engagement so vieler Österreicher für die Sache der Menschlichkeit verliert nichts von seiner

Bedeutung, wenn wir sehen, dass auch in Deutschland und in anderen Ländern Europas hunderttausende Bürger auf die Straße gehen, um für die gleiche Überzeugung einzutreten. Im Gegenteil. Vielleicht erleben wir heute in Europa eine historische Stunde, die vielen sogenannten „Beobachtern" noch entgangen zu sein scheint: die Stunde, da der schrankenlosen Selbstsucht, dem verhängnisvollen Nationalismus, dem geisttötenden Materialismus und der mitleidlosen Gleichgültigkeit gegenüber dem tragischen Schicksal anderer Menschen und Völker eine machtvolle Gegenkraft erwächst. Das könnte – weit mehr als Freihandelszonen und politische Abkommen – der Keim für jenes „neue Europa" sein, auf das wir alle hoffen: ein friedlicheres, humaneres, toleranteres, gerechteres und solidarischeres Europa.

„SOS Mitmensch" – unter diesem Motto haben wir uns heute versammelt. Unsere Solidarität gilt allen Menschen in Not und Bedrängnis – Österreichern wie Ausländern. Es stimmt einfach nicht, dass Solidarität mit Ausländern und Flüchtlingen weniger Solidarität mit Österreichern in Notsituationen bedeutet. Doch für Hilfe darf es kein nationales Privileg geben.

Darum glaube ich nicht, dass die Mehrheit der Österreicher lieber hunderttausende Kriegsopfer in unserer Nachbarschaft ihrem Schicksal überlassen möchte, als die Last größerer Flüchtlingsquoten im eigenen Land auf sich zu nehmen. Ich glaube es nicht, dass uns die Wohnungsknappheit in Österreich – so bedrückend sie auch oft ist – abstumpft gegenüber dem Leid derer, deren Häuser und Wohnungen zerstört, deren Dörfer gebrandschatzt und deren Städte zerschossen wurden.

Ich glaube es nicht, dass uns das bittere Los der Arbeitslosigkeit von Österreichern blind macht dafür, dass es für Millionen außerhalb unserer Grenzen um das nackte Überleben geht. Ich glaube nicht, dass die Mehrheit der Österreicher daran Anstoß nimmt, wenn es in der Schule Probleme mit Schülern ohne perfekte Deutschkenntnisse gibt, und sich gleichzeitig unberührt zeigt, wenn Kinder anderswo von Granaten zerfetzt werden.

Ich glaube es einfach nicht, dass uns der Anblick muslimischer Frauen in ihren für uns fremden Gewändern mehr irritiert als die Tatsache, dass in Bosnien muslimische Frauen und Mädchen zu Tausenden geschändet, vergewaltigt, verstümmelt und auf schreckliche Weise zu Tode gebracht werden. Und ich glaube es einfach nicht, dass uns unser Wohlstand über alles geht, während anderswo in der Welt Hunderttausende buchstäblich an Hunger verrecken.

Ich weiß nicht, wie viele Österreicher das Volksbegehren „Österreich zuerst" unterzeichnen werden. Aber ich bin fest davon überzeugt, dass die Mehrheit der Österreicher anders denkt. Dass für diese Mehrheit Solidarität mit Menschen in Not kein leeres Wort ist und vor allem kein nationales Mascherl hat.

Unter dem Motto „Österreich zuerst" bewarb sich unser hochgeschätzter jetziger Bundespräsident im Wahlkampf um sein Amt. Wir verstanden alle, dass er damit meinte: Das Gemeinsame ist wichtiger als das Trennende. „Österreich zuerst" ist auch das Motto, das man dem Ausländer-Volksbegehren voranstellte. Aber der Sinn ist ein gänzlich anderer als im Präsidentschaftswahlkampf. Denn nun bedeutet die Parole: WIR sind wichtiger als alles andere, UNS muss es gutgehen. Ich halte das für ein total falsches Signal, besonders, wenn es als zweitrangig angesehen wird, wie es den anderen geht.

Erlauben Sie mir noch ein offenes Wort an unsere Mitbürger aus den Reihen der FPÖ und an die Sympathisanten des geplanten Volksbegehrens. Ich zweifle nicht daran, dass die meisten von ihnen gute Demokraten sind. Und ich unterstelle auch einem Dr. Haider in keiner Weise eine totalitäre oder nazistische Gesinnung. Aber ich bitte Sie zu bedenken, wie kurz der Schritt von einem achtbaren Patriotismus bis zu einem gefährlichen Chauvinismus sein kann. Die Älteren unter uns haben es noch im Ohr, was man vor 50 Jahren in unseren Landen zu singen hatte: „Deutschland, Deutschland, über alles, über alles in der Welt …" Wo dieser nationale Hochmut endet, wissen wir. Darum sollten wir gemeinsam alles tun, damit solcher Dünkel nie mehr einen Nährboden in unserem Land findet.

Wir sind in diesen Tagen belehrt worden, wie der Papst angeblich über unsere Probleme denkt. Wir hörten, dass die Österreichische Bischofskonferenz dem Volksbegehren „neutral" gegenüberstehen soll, und dass die Zielsetzungen dieses Volksbegehrens durchaus christlich seien. Die Menschen in unserem Land sind reif genug, um sich ein Urteil darüber selbst zu bilden.

Für mich als Christen ist die Bibel maßgebend. Ich finde keine einzige Stelle, in der es hieße: Grenze dich ab, halte sie fern von dir – die Elenden, die Verfolgten, die Hungernden, die Heimatlosen, die Vergewaltigten, die Verstümmelten, die in den Lagern Schmachtenden. Nein, eine solche Stelle ist in der Heiligen Schrift nicht zu finden. Aber eine andere kommt mir in den Sinn: „Wer seinen Bruder liebt, bleibt im Licht; da gibt es für ihn kein Straucheln. Wer aber seinen Bruder hasst, ist in der Finsternis. Er geht in der Finsternis und weiß nicht, wohin er geht; denn die Finsternis hat seine Augen blind gemacht." (1 Joh 2,10.11)

In Österreichs Städten werden in diesen Tagen ungezählte Lichter in dieser Finsternis entzündet. Ich bin glücklich darüber. Diese Lichter sind auch ein nicht zu übersehender Appell an die politisch Verantwortlichen. Von ihnen hören wir, dass man in der Ausländerfrage die „Ängste der Bevölkerung ernstnehmen" müsse. Das ist sicher richtig und notwendig. Aber nicht weniger richtig und notwendig ist es, auch eine andere Sorge der Bevölkerung „ernst zu nehmen": die Sorge nämlich, dass Österreich – zu seinem eigenen Schaden – an Menschlichkeit verlieren könnte. Damit das nicht geschieht, stehen wir heute hier.

FPÖ-Chef Jörg Haider reagierte wütend auf die nicht nur in Wien, sondern in ganz Österreich stattfindenden Kundgebungen, die überwiegend von den Gliederungen der Katholischen Aktion mitorganisiert wurden. Seiner Meinung nach solle die Kirche diese Einmischung in die Politik unterlassen. Als „bekennender Katholik" wolle er von seiner Kirche repräsentiert und nicht von einer „linken Schickeria" bevormundet werden. Das Volksbegehren wurde übrigens nur von 7,37 Prozent der Stimmberechtigten unterzeichnet.

Nachdem sich die politischen Turbulenzen beruhigt hatten, rückte im März 1993 der 60. Geburtstag von Florian Kuntner heran. Und er feierte diesen ausgiebig mit seinen Amtsbrüdern, Freunden, Mitarbeitern und Weggefährten. Wie vielfältig der Kreis der Menschen war, die Kuntner auf seinen Weg begleiteten, zeigt die Festschrift „Stolpersteine", die aus Anlass seines runden Geburtstages herausgegeben wurde. Fünfzig Persönlichkeiten aus Kirche, Politik und kulturellem Leben schrieben darin, welche Eigenschaften sie an der Persönlichkeit Kuntners besonders ansprechen, oder welche Gemeinsamkeiten mit ihm sie in bleibender Erinnerung behalten haben. Der Bogen spannte sich von seinem ehemaligen ‚Chef', Kardinal Franz König, über die SPÖ-Politiker Franz Löschnak und Hans Mayr, bis zu seiner ersten Sekretärin als Bischofsvikar, der Caritas-Socialis-Schwester Edeltraud Kitzmantel.

Gefeiert hatte Florian Kuntner seinen runden Geburtstag so intensiv, als hätte er geahnt, dass es ein letztes Zusammentreffen mit allen seinen Weggefährten war. Er feierte im Dom zu Wiener Neustadt, dort, wo sein Weg als Dompropst und Bischofsvikar begonnen hatte. Und er feierte in der Wiener Schottenkirche, wo er, sichtlich bewegt, im Rahmen des Wortgottesdienstes ein Bekenntnis seiner unerschütterlichen Liebe zur Kirche ablegte. Deutliche Worte richtete er aber auch an seine Kritiker, denn seiner Meinung nach müsse gerade aus Liebe zur Kirche auch Kritik an ihr möglich sein: *„Mir tut es weh, wenn Leute in der Kirche manche kritische Äußerung sofort als Illoyalität auffassen."*

Niemand ahnte damals, dass ihm nur mehr ein Jahr beschieden ist, sein Lebensziel, den Menschen die Nähe und Liebe Gottes erfahrbar zu machen, weiterzuverfolgen.

6. Kapitel:

# Die Saat geht auf

Ein umtriebiger Mensch war Florian Kuntner schon immer gewesen, aber im letzten Jahr seines Lebens wirkte er wie „eine Kerze, die an zwei Enden brennt". Nicht nur durch seine vielfältigen Funktionen, sondern auch durch seinen Mut, gegen Missstände aufzutreten, die Dinge beim Namen zu nennen, hatte er sich über Österreich hinaus einen Namen gemacht. Die Bandbreite der Probleme, wegen derer man sich an ihn wandte, reichte von Hinweisen auf bestehende Menschenrechtsverletzungen bis zur Beschaffung einer dringend benötigten Hostienbackmaschine. Vom „Florl", das wusste man, konnte man in allen Dingen ein offenes Ohr, Mitgefühl und auch Hilfe erhoffen.

Weltweit gab es in den 1990er-Jahren fünfzig Krisengebiete, in denen die Menschen Not, Hunger, Krankheiten und vor allem brutaler Verfolgung ausgesetzt waren. Als Missionsbischof belastete Florian Kuntner diese Entwicklung sehr, da alle mühsam aufgebauten Strukturen zur Verbesserung der Lebenssituation der Menschen wieder zu zerbrechen drohten. Als Vorsitzender von „Pax Christi", „Iustitia et Pax" sowie als Vorstandsmitglied von „Christian Solidarity International" (CSI) – Bewegungen, die sich für Frieden, Menschenrechte und Religionsfreiheit engagieren – appellierte er an die politisch Verantwortlichen, beteiligte sich an Unterschriftenaktionen, ebenso an Mahnwachen und Schweigemärschen, ging Allianzen auf ökumenischer Ebene dafür ein, gab Interviews … mit einem Wort – er war präsent und sagte, was notwendig war, ob es jemandem passte oder nicht.

So schrieb er zum Beispiel dem damaligen Bundeskanzler Franz Vranitzky einen offenen Brief, in dem er, wie es seine Art war, auch in offenen Worten sein Unverständnis ausdrückte, dass die Regierung für das Jahr 1994 ihren Beitrag zur Entwicklungshilfe um 20 Millionen Schilling kürzen wolle, obwohl „für Feuerwehraktionen der UNO aber sehr wohl Geld da ist, aber für Präventivmaßnahmen zur Verhinderung von Konflikten in den Entwicklungsländern dagegen keines".

Gemeinsam mit Christoph Schönborn, der 1991 zum dritten Weihbischof der Erzdiözese Wien ernannt wurde, fuhr Kuntner Anfang 1993 zuerst nach Indien und dann auf die Philippinen. Seit zehn Jahren bestand zwischen der Prälatur Infanta auf den Philippinen und dem Stadtdekanat Wiener Neustadt eine für beide Seiten fruchtbringende Partnerschaft. Dieses Jubiläum war auch der Grund für die von Bischof Julio Laboyen ausgesprochene Einladung gewesen. In den zurückliegenden zehn Jahren wurden von der Wiener Neustädter Selbstbesteuerungsgruppe vier Millionen österreichische Schilling an diese 360.000 Katholiken zählende Prälatur überwiesen, wodurch wichtige pastorale und soziale Projekte finanziert werden konnten. Die Hilfe war aber nicht nur finanzieller Natur. Förderlich für beide Seiten waren auch die gegenseitig stattfindenden Besuche, wo jeder Einblick in den Alltag und die kulturelle Lebensweise des anderen erhalten konnte. Das entsprach genau den Intentionen Kuntners, die Menschen in diesen Ländern nicht als Almosenempfänger, sondern als Partner zu sehen.

Im August 1993 fuhr Florian Kuntner in seiner Eigenschaft als Nationaldirektor der Päpstlichen Missionswerke nach Moçambique. Anlass war, dass dieses afrikanische Land 1994 im Mittelpunkt des jährlichen, weltweit begangenen Weltmissionssonntags stand. Dass er diesen, immer im Oktober stattfindenden Tag der Solidarität nicht mehr erleben konnte, hatte Kuntner kaum geahnt. Ob er sich bei diesem Besuch in Afrika den Keim für seine zum Tod führende Erkrankung geholt hat, wird zwar von einigen ihm nahestehenden Menschen behauptet, aber seitens der ihn später behandelnden Ärzte nicht bestätigt.

Die ehemalige portugiesische Kolonie Moçambique war damals nicht nur das ärmste Land Afrikas, sondern auch der Welt. Über 30 Jahre tobte dort ein von wechselnden Widerstandsbewegungen mit der Regierung geführter Bürgerkrieg, zu dessen Beendigung die Kirche einen wesentlichen Beitrag geleistet hatte. Es war der Erzbischof von Beira, Dom Jaime Gonçalves, der sowohl die Regierung wie die Regimegegner zu Friedensverhandlungen 1990 in Rom an einen Tisch brachte. Die Kirche hatte daher in diesem Land, davon konnte sich der österreichische Missionsbischof überzeugen, bei den Menschen einen hohen Stellenwert.

Sehr beeindruckt war der Priester Florian Kuntner, wie die seelsorgliche Arbeit in Moçambique ablief. Die dortigen Bischöfe waren nämlich überzeugt, dass das Evangelium auf

Dauer nur dann Wurzeln schlagen könne, wenn es in kleinen Gemeinschaften gelebt werde. Die Zusammenkünfte der „Nukleos", wie man diese Treffen der Gläubigen nannte, fanden meist in Privatwohnungen statt und das jeweils gebotene Programm umfasste Bibellesungen, Lieder, Gebete und einen Erfahrungsaustausch. Auch von der Lebendigkeit der Gottesdienste, bei denen getanzt, gesungen und gejubelt wurde, war der Wiener Weihbischof sehr angetan. Er wusste, dass diese Modelle eines Gemeinschaftslebens nicht 1:1 nach Europa übernommen werden konnten, aber das Erleben allein wirkte wie ein Elixier auf ihn, das ihn animierte, doch immer wieder Neues auch in den heimatlichen Pfarren auszuprobieren. Es entsprach nämlich genau seinem Empfinden, dass die Freude am Evangelium noch viel emotionaler ausgestrahlt werden müsste. Und genau das erlebte er hier.

Florian Kuntner war ein Mensch, der über die Kirchturmspitze hinausblickte und sich nicht nur mit den gerade aktuellen innerkirchlichen Problemen befasste. Während in der Kirche von Österreich die Meinungen der vorkonziliaren Bewahrer und jener, die den Geist des Konzils endlich umgesetzt sehen wollten, immer härter aufeinanderprallten, machte er sich bereits Gedanken, wie die Kirche in einer zunehmend säkularisierter werdenden Welt ihren Aufgaben noch gerecht werden könne. Vor allem der zunehmende Priestermangel machte ihm Sorgen. Für neue Möglichkeiten, um den priesterlichen Dienst auszuüben, wie die Weihe von bewährten verheirateten Männern („viri probati"), dazu hatte er sich ja bereits öffentlich ausgesprochen und von Rom dafür einen Rüffel bekommen.

Mit dem Zweiten Vatikanum wurde der Dienst des ständigen Diakons wieder eingeführt. Das Diakonat war nun nicht nur die Vorstufe zur Priesterweihe, sondern bot sich auch als selbständiges Amt für verheiratete Männer ab dem 35. Lebensjahr, sowohl haupt- wie nebenberuflich an. Für die Zeit der Amtsausübung wurden sie vom Zölibat entbunden. Florian Kuntner war auch Leiter der Kommission für den ständigen Diakonat in der Erzdiözese Wien. Ihm war es daher ein großes Anliegen, Männer für das Amt des ständigen Diakons zu gewinnen. Auch sein noch im Vikariat-Süd erstellter Pastoralplan basierte darauf, dass in jeder Pfarre, wenn schon nicht ein Pfarrer, so aber doch ein Diakon zur Verfügung stehen sollte.

Neben neuen Modellen für den Zugang zum Priestertum und auch der Frauenordination lag Florian Kuntner ein weiteres, immer dringlicher werdendes Problem am Herzen – die Umweltproblematik. Auch hier nahm er wieder eine Vorreiterrolle ein, wenn er darauf hinwies, dass gerade die Kirche in Verantwortung für die Schöpfung dieses Thema aufgreifen müsse: *„Den Christen ist es aufgegeben, die Zeichen der Zeit zu erkennen und zu deuten. Heute gibt es kaum sprechendere Zeichen als diejenigen, die auf die Bedrohung der Umwelt hinweisen.“*

In einer Pressekonferenz, die Kuntner nur vier Monate vor seinem Tod als Vorsitzender der KOO gab, stellte er dezidiert fest, dass die Menschheit nur durch ein radikales Umdenken im Umgang mit den Gütern dieser Welt überleben werde können. Wie immer fasste er seine Gedanken in sehr deutliche Worte, als er meinte, dass *die Überlebensfrage der Menschheit*

Sonntag der Weltkirche, St. Stephan 1993 *Foto: E. Grabmayer*

*weder von der Mülltrennung noch von einer Haltungsänderung des Papstes in Sachen Empfängnisverhütung abhängen wird"*. Seiner Meinung nach könnten die globalen Probleme nur durch ein radikales Überdenken des gesamten Lebensstils gelöst werden. Die Kirchen insgesamt sind daher gefragt, durch *„prophetisches Reden und Handeln"* Wege aus der Krise aufzuzeigen. Er schlug deshalb vor, Vertreter aus Wirtschaft, Technik, Banken und Politik an einen Tisch zu bringen, sozusagen eine „Plattform des Meinungsaustausches" zu gründen. Dies hätte den Vorteil, dass die kirchlichen Vertreter, im Gegensatz zu den Politikern, keine Wahlwerbung betreiben müssten, und es sich daher leisten könnten, *„um der Wahrheit willen deshalb angegriffen und als blauäugig verschrien zu werden"*.

Es war klar, dass Florian Kuntner sich mit solchen Aussagen weder innerhalb noch außerhalb der Kirche nur Freunde schaffte. Trotzdem wurde die Zahl jener immer größer, die, egal aus welchem ideologischen Lager sie kamen, den prophetischen Weitblick dieses Mannes der Kirche schätzen lernten. Wer ihn nämlich persönlich kennen lernte, nahm ihm auch seine mahnenden Worte vollinhaltlich ab, denn Kuntner lebte das vor, was er sagte und von seinen Mitmenschen einforderte. Seine Ansicht war, dass man, um neue Wege vorzuzeigen, zuallererst den Mut haben musste, das eigene Leben zu ändern. Und er hatte den Mut dazu. Geprägt vom franziskanischen Lebensstil war ihm die Bewahrung der Schöpfung ein besonderes Anliegen. Auch von seiner bäuerlichen Herkunft her sah er vieles mit anderen Augen und wusste, welche Folgen eine bedenkenlose Ausbeutung von Natur und Umwelt hat.

Kuntner war daher froh, als sich in den 1990er-Jahren auch im kirchlichen Bereich Menschen zusammenfanden, um sich mit dem Gedanken der Schöpfungsverantwortung auseinanderzusetzen, und versuchten, durch verschiedene Projekte die Menschen dafür zu sensibilisieren. Bei Weihbischof Kuntner fanden sie jede Unterstützung, da diese Initiativen auch noch mit jenen Themen eng verbunden waren, für die sich Florian Kuntner sein ganzes Leben unermüdlich einsetzte: Friede und Gerechtigkeit.

Man dankte ihm dies über seinen Tod hinaus. Im Gedenken an ihren großen Förderer pflanzte die ARGE Schöpfungsverantwortung 1994 am idyllischen Minoritenplatz in Wien mit Unterstützung der Stadt Wien einen Ziernussbaum ein. Im Jahre 2003 stellten die Minoriten-Patres nur wenige Meter davon entfernt, an der Außenmauer der Minoritenkirche, eine moderne Franziskus-Skulptur auf. Eine Verbindung entstand, die dem Gedenken des franziskanisch geprägten Menschen Florian Kuntner nicht besser hätte entsprechen können.

In der zweiten Hälfte des Jahres 1993 verschärfte sich in Kirche und Politik das Klima. Der Konflikt in der Diözese St. Pölten zwischen Bischof Kurt Krenn und Teilen seiner Priesterschaft war nicht enden wollend. In der eskalierenden Auseinandersetzung war man bei der Wortwahl auf beiden Seiten nicht zimperlich. Öl ins Feuer goss auch die dem erzkonservativen Linzer Priesterkreis nahestehende Zeitung „Der 13.", die im Dienste Krenns jede vermutete Abweichung von der Linie Roms, ob bei Bischöfen, Klerikern, katholischen Organisationen und auch engagierten Katholiken, sofort öffent-

Der Ziernussbaum und
die Franziskus-Skulptur
vor der Minoritenkirche
*Foto: Ingeborg Schödl*

Rechte Seite:
Der Naturliebhaber
Florian, im August 1993.
*Foto: Diözesanarchiv
ED Wien*

lich anprangerte. Zu einem Eklat kam es, als bei einer von
Weihbischof Florian Kuntner gegebenen Pressekonferenz der
anwesende Chefredakteur des „13.", Friedrich Engelmann,
geheime Tonbandaufzeichnungen auch von den privat ge-
führten Gesprächen machte.

Kuntner war von der herrschenden Situation tief betroffen.
Als 12.000 Menschen in St. Pölten bei einer Demonstration
den Rücktritt des Diözesanbischofs Krenn forderten, begann
er sich mit dem Gedanken zu befassen, wieder nach Rom zu
fahren, so wie er es schon einmal 1987 tat. Papst und Kar-
dinäle sollten informiert werden, dass in Österreichs Kirche
*„der Hut brennt"*. Doch es kam ihm jemand zuvor, mit dem
er gerade keinen harmonischen Gedankenaustausch pflegte

118

– der Initiator des Volksbegehrens „Österreich zuerst", FPÖ-Chef Jörg Haider.

Es war ein geschickter Schachzug von Haider, nur wenige Monate nach dem Volksbegehren um eine Papstaudienz anzusuchen. Jene Kreise in der Kirche, die vehement gegen das Engagement der Katholiken in der Plattform „SOS Mitmensch" waren, dürften hier die Weichen für den Besuch des FPÖ-Politikers im Vatikan gestellt haben. Zurückgekehrt erzählte Haider in einem „kathpress"-Interview von dem guten Gesprächsklima zwischen Papst Johannes Paul II. und ihm sowie von der angeblich übereinstimmenden Meinung in der Flüchtlingsfrage. Er hätte den Papst auch informiert, dass die Spannungen zwischen ihm, als Initiator des Volksbegehrens, und den Kirchen weitgehend ausgeräumt wären und der angebliche „Schlagabtausch" wäre von den Massenmedien auch nur hochgespielt worden. Der Papst hätte ihm auch gesagt, dass er wohl über die innerkirchlichen Probleme informiert sei, aber er mache sich keine Sorgen, da er die Kirche in Österreich in guten Händen wisse.

Diese Harmonie demonstrierenden Informationen Haiders über seinen Papstbesuch provozierten Florian Kuntner wieder zu der Frage, ob der Papst bei der Privataudienz auch schon über die jüngste Aussage Haiders informiert gewesen sei, wonach in Österreich eine Mischung aus „Kreml, Vatikan und albanischer Weltoffenheit" herrsche. Im Übrigen hoffe er, dass Johannes Paul II. über den geistig-politischen Hintergrund seines Besuchers und dessen Polemiken gegen Vertreter der Kirche und gegen das kirchliche Engagement in der Flüchtlings- und Ausländerfrage vom Nuntius und dem vatikanischen Staatssekretariat vorher informiert worden war: *„Ich bin mir gewiss, dass es dafür keine päpstliche Absolution gab."*

Anfang Dezember 1993 wurde Österreich durch eine Serie von Briefbombenattentaten erschüttert. Die Adressaten waren Menschen, die sich vor allem in der Flüchtlingsfrage engagierten, wie zum Beispiel das erste Opfer, August Janisch, der Pfarrer von Hartberg in der Steiermark. Auch Weihbischof Kuntner gehörte zu diesem gefährdeten Personenkreis. Er mahnte generell zwar zur Vorsicht, aber es entsprach seinem Charakter, dass er sich trotzdem nicht entmutigen ließ, sich weiterhin engagiert für die Anliegen der Asylanten und Ausländer einzusetzen.

Was Kuntner nicht mehr erlebte, war eine andere „Bombe", die genau ein Jahr nach seinem Tod explodierte und die Kirche in Österreich heftig erschütterte. Im März 1995 brachte das Magazin „profil" ein Interview mit dem ehemaligen Absolventen des Hollabrunner Knabenseminars, Josef Hartmann, der darin von sexuellen Übergriffen durch den damaligen Studienpräfekten, Hans Hermann Groër, den jetzigen Erzbischof der Erzdiözese Wien, berichtete, zu dessen Opfern auch er zählte. Vermutlich hätte sich auch Florian Kuntner als ehemaliger Hollabrunner Zögling und späterer Studienpräfekt (1960–1962) mit Fragen auseinandersetzen müssen, wie dies einige seiner Mitbrüder nun tun mussten: „Was haben wir geahnt, gewusst oder gar verschwiegen? Waren wir wirklich so ahnungslos, oder war es aus falsch interpretierter Liebe zur Kirche, dass wir nicht sehen wollten, was es nicht geben darf?" Die Affäre Groër hätte auch seinen, sonst unerschütterlichen Optimismus vermutlich ins Wanken gebracht.

Ende Dezember 1993 begann sich der Gesundheitszustand von Kuntner zusehends zu verschlechtern. Er fühlte sich nicht gut und musste Ärzte konsultieren. Eine Hepatitis wurde diagnostiziert, vermutlich eine Folge der schlechten hygienischen Verhältnisse während seiner Afrikareise. Für ihn war das aber noch kein Grund, leiser zu treten. Die Fülle der von ihm wahrzunehmenden Aufgaben wurde nicht weniger, im Gegenteil. Ob in der Kirche oder in der Politik, die Krisenherde vermehrten sich und Florian Kuntners Wortmeldungen und Einsatz waren mehr denn je gefragt, weil seinem bedingungslosen Engagement für Gerechtigkeit und Frieden höchster Respekt gezollt wurde.

Florian Kuntner im Feber 1994 bei einem Afrika-Vortrag in der Wiener
Pfarre St. Johann Nepomuk *Foto: E. Grabmayer*

Ende 1993 legte er den Vorsitz im Kuratorium des Afro-Asiatischen Instituts (AAI) zurück, den er seit 1983 innehatte. Dieses Institut wurde 1959 auf Initiative von Kardinal Franz König gegründet, mit dem Ziel, Studenten aus dem afro-asiatischen Raum Möglichkeiten der Weiterbildung, Information und Begegnung zu bieten. Das AAI wurde im Laufe der Jahrzehnte, bis es 2016 seine Pforten schließen musste, ein mit blühendem Leben erfüllter Treffpunkt für Menschen aus verschiedenen Ländern mit ihren Kulturen und Religionen. Für Missionsbischof Florian Kuntner ein Ort, wo er sich für seine Arbeit wertvolle Anregungen holen konnte. Vor allem auch, weil Gerhard Bittner, engster Mitarbeiter bei der Aufbauarbeit im Vikariat Süd, nun dort als Generalsekretär tätig war.

Im Februar 1994 erfüllte sich Florian Kuntner einen lang gehegten Wunsch. Gemeinsam mit einem kleinen Kreis guter Freunde unternahm er eine Reise nach Tunesien. Sein Wunsch war, einmal das Gebiet zu sehen, wo einst seine Titulardiözese Hirina, auf die er nach römisch-katholischer Tradition als Bischof geweiht wurde, gelegen war. Die nötigen Vorbereitungen für diese Expedition erledigte der damalige österreichische Botschafter in Tunesien, Dr. Karl Diem, der sich über den Besuch aus der Heimat sehr freute.

Diese ehemaligen Diözesen der römisch-katholischen Kirche befanden sich meist in Nordafrika, Klein- oder Vorderasien. Hirina, auf die Kuntner 1977 geweiht wurde, lag in der Sahelzone des heutigen Tunesiens. Von Djerba aus fuhr die Gruppe mit zwei Geländewagen hinein in die Wüste. Orientierung, wo sich die Diözese befunden haben könnte, bot nur eine alte Landkarte. Für alle, aber ganz besonders für Florian

Kuntner, war dann die Feier eines Wortgottesdienstes mitten in der steinigen Wüstensteppe, an der Stelle, wo man das einstige Hirina vermutete, ein ganz besonderes Erlebnis. Mit Worten die dabei aufkommenden Gefühle zu beschreiben, gelang kaum einem der Mitfeiernden.

Die körperlich und emotional anstrengende Reise überstand Bischof Florian nur mit eiserner Disziplin. Nach der Fahrt in die Wüste und wieder zurück nach Tunis feierte er in der Kathedrale gemeinsam mit Bischof Twal eine Messe, der noch ein Mittagessen in der Botschaft folgte. Ein Monsterprogramm, das ihm viel Selbstbeherrschung abverlangte. Auf Fragen nach seinem Gesundheitszustand meinte er nur, dass er an den Folgen einer übergangenen Tropenkrankheit leide. Er muss aber gewusst haben, wie es um ihn tatsächlich stand.

Wie er zwischen der Hoffnung auf Besserung und dem Sich-Ergeben in das Schicksal zerrissen war, spiegelt sich in seiner letzten Predigt im Dom zu Wiener Neustadt wider, die er am 6. Februar 1994, am Tag des Abfluges nach Tunesien hielt. Der Text der Lesung war dem Buch Ijob 7,6–7 entnommen, wo es heißt „Meine Tage eilen schneller vorüber als ein Weberschifflein und schwinden dahin ohne Hoffnung …" Im Evangelium (Mk 1,29–39) ging es um die Heilung der Schwiegermutter des Simon Petrus. Davon ausgehend setzte sich Bischof Florian dann in der Homilie mit der Annahme von Leid und Tod, Krankheit und der doch vorhandenen Hoffnung auf Heilung auseinander: *„Wir wissen noch viel zu wenig über die Zusammenhänge zwischen Leib und Seele, aber es scheint so zu sein, dass aus dem Widerstand und dem Nichtabfinden-Wollen* und Nichtabfinden-Können neue Kraft entsteht. *Lassen wir also ruhig einen, der mit der Tatsache konfrontiert wird, dass er unheilbar krank ist, seine Verzweiflung hinausschreien …"* Aus diesen Worten hätte man erahnen müssen, welchen Weg der Verzweiflung der Mensch Florian Kuntner bereits zu diesem Zeitpunkt gegangen war und wusste, dass „seine Tage schneller eilen …", aber dennoch Hoffnung auf Heilung hatte.

Am 6. März ließ sich Kuntner endlich im St.-Josefs-Krankenhaus in Wien-Hütteldorf stationär aufnehmen. Dazu musste ihn sein behandelnder Arzt, der Internist Paul Aiginger, fast drängen, da eine ambulante Behandlung nicht mehr möglich war. Mit den dort tätigen Schwestern, die dem Orden der Salvatorianerinnen (Kongregation der Schwestern vom Göttlichen Heiland) angehören, war Bischof Kuntner sehr verbunden. Im Dezember 1990 hatte Kuntner die neu erbaute Kapelle des Krankenhauses geweiht, die er scherzhaft immer „*meine Kathedrale*" nannte. Die Ordensfrau Sr. Hedwig Roßmann SDS durfte ihn in der ihm noch verbleibenden kurzen Zeit begleiten, auch dann, als er aus medizinischen Gründen in das Allgemeine Krankenhaus verlegt wurde.

Leicht wurde Florian Kuntner sein letzter Weg nicht gemacht. Im Kreis der ihm nahestehenden Menschen gingen die Meinungen, was ihm guttun würde, was ihm helfen könnte, wie man ihm beistehen sollte, etwas auseinander. Medizinisch gesehen hatte Kuntner die ersten Zeichen der Erkrankung unterschätzt und sich sehr spät, eben zu spät, in ärztliche Behandlung begeben. So schrieb er in seinem Dankbrief an Botschafter Diem für die Organisation der Reise nach Hirina: „*… das verflixte Bilimbin* (med. Bilirubin) *plagt* *mich noch. Ich bin mit anderen Worten gelb wie ein Chinese"* (3. März 1994). Sein Zustand verschlechterte sich dann so rapide, dass Primarius Aiginger die einzige Rettung in einer Lebertransplantation sah und Kuntner in das AKH überführt wurde. Derartige Transplantationen zählten in den 1990er-Jahren noch zur Ausnahme und es gab eine lange Warteliste. Möglichkeiten, die Wartefrist zu verkürzen, hätten sich sicher gefunden, das größere Problem aber war, dass der Patient dazu seine Zustimmung geben musste. Kuntner konnte infolge der zunehmenden Schwäche die Entscheidung nur mehr schwer allein treffen. Ein Teil seiner Amtsbrüder und Freunde traute sich nicht, die Verantwortung mitzutragen, und weitere Wegbegleiter, vor allem aus der Wüstenbewegung, meinten wieder, dass Gottes Wille anzunehmen sei.

Es gab dann noch eine Gruppe, und zwar Mitglieder aus Erneuerungsbewegungen, die eine Heilung durch andere als durch medizinische Methoden erhofften. Das reichte vom Trinken von Wasser aus Medjugorje bis zum Handauflegen eines afrikanischen Heilers. Sollte dies Florian Kuntner noch bewusst mitbekommen haben, wird er sich vielleicht an einen Satz erinnert haben, den er sagte, als er von der Bischofskonferenz die Verantwortung für diese Gruppierungen übertragen bekam: *„Die schweben alle in der Luft. Man muss sie am Haxn packen und auf den Boden bringen."* Für ihn hieß das, sie müssten in ihren Ansichten mehr geerdet sein.

Seinen Geburtstag am 22. März konnte er noch mit einer Messe mitfeiern, die einer seiner engsten Freunde, Domdekan Josef Toth, im Krankenzimmer des AKH aus diesem Anlass hielt. Viele Freunde und Wegbegleiter kamen, um von ihm

Abschied zu nehmen. Auch Kardinal Franz König und Weihbischof Helmut Krätzl besuchten ihn noch. Florian Kuntner konnte nur mehr mühsam reden, sein Leib war aufgedunsen, im Gesicht war er fast schwarz, doch immer wieder stammelte er den Satz: „*Die Saat geht auf.*" Erfüllte ihn in diesen letzten Stunden seines Lebens die hoffnungsvolle Gnade, dass sein lebenslanges Mühen, die Menschen zu einem lebendigen Christsein hinzuführen, doch auf fruchtbaren Boden gefallen war?

Am 30. März 1994, einen Tag vor dem Gründonnerstag dieses Jahres, wurde er von seinem Leiden erlöst. Kurz vor seinem Tod soll er noch mühsam das österliche Halleluja angestimmt haben.

Die Nachricht vom Tod des Wiener Weihbischofs löste größte Betroffenheit aus. Kondolenzschreiben aus allen Bereichen des öffentlichen Lebens trafen aus dem In- und Ausland ein. Der damalige Bundespräsident Thomas Klestil würdigte ihn als „einen mutigen und aufrechten Streiter für soziale Gerechtigkeit" und der südafrikanische Erzbischof Denis Eugene Hurley als „einen großen Freund und Förderer aller Bemühungen der Südafrikanischen Bischofskonferenz um ein Ende der menschenverachtenden Apartheid-Politik". Schon diese beiden Beileidsbezeugungen allein zeigen die Bandbreite der Arbeit von Florian Kuntner und die Anerkennung seines Einsatzes auf. Auch der Präfekt der Missionskongregation, Jozef Kardinal Tomko, der ihm nur ein Jahr vorher mit kühlen Worten mangelnde „Kirchlichkeit" vorwarf, schickte ein Beileidstelegramm, in dem er seine „tiefempfundene Anteilnahme und den Dank für den Einsatz des Verstorbenen auf dem weiten Missionsfeld" aussprach.

Aufgebahrt wurde Florian Kuntner am Vormittag des 11. April 1994 in der Kreuzkapelle der Domkirche zu St. Stephan in Wien. Dort konnten die Menschen von ihm Abschied nehmen. Am späten Nachmittag fand dann das Requiem statt, das von Kardinal Hans Hermann Groër geleitet wurde. Florian Kuntner hatte „sein Begräbnis" selbst exakt vorbereitet. Genau angegeben waren die Textstellen, die er sich wünschte. Die Predigt sollte sein Mitbruder, Weihbischof Helmut Krätzl, halten. Musikalisch wollte er nur Gemeindegesang. Sein ausdrücklicher Wunsch war, von Kranz- und Blumenspenden abzusehen, den Betrag dafür aber den Päpstlichen Missionswerken zukommen zu lassen. Wie von seiner Stellung her üblich, wurde Florian Kuntner dann in der Domherrengruft zu St. Stephan bestattet.

Es war ein Begräbnis, aber doch eigentlich ein Fest, das in seinem Ablauf durchaus den Vorstellungen Florian Kuntners von einer mit „Liebe und Fröhlichkeit" erfüllten Kirche entsprach. Mehr als 8000 Menschen drängten sich im und um den Dom und bei der anschließend stattfindenden Agape. Niemand sollte davon ausgeschlossen sein, das war der ausdrückliche Wunsch Kuntners gewesen. Jeder, der vom „Herzbischof", wie er oft genannt wurde, Abschied nehmen wollte, war willkommen.

Der frühe Tod von Florian Kuntner hinterließ eine Lücke, die in der damals sehr angespannten innerkirchlichen Situation noch intensiver erfahren wurde. Er lebte eine geschwisterliche Kirche vor und ließ sich auch nicht davon abhalten, als sich diese, nach dem erfolgten Aufbruch durch das Konzil, wieder in eine hierarchisch aufgebaute Kirche zu verändern drohte. Was an Kuntner beeindruckte, das fasste Weihbischof Krätzl bei der Homilie in der Begräbnismesse treffend zusammen: „Ich habe ihn bewundert, fast beneidet, wie leicht es ihm fiel, Menschen zu einem lebendigen Christsein zu motivieren. Es gelang, weil sie unter seiner geistlichen und auch sehr menschlichen Begleitung Freude am Glauben und Freude an der Kirche fanden …" Und Kardinal Franz König meinte beim Requiem für Florian Kuntner im Wiener Neustädter Dom: „Mit beiden Füßen stand er in unserer Welt und unserer Zeit, zugleich geprägt und getragen von einem unerschütterlichen Glauben, von einer unerschütterlichen Liebe zur Kirche, auch dann, wenn es Schwierigkeiten für ihn gab."

Kuntner war ein Mann der Kirche, der auch ein offenes Auge und Ohr für die Probleme außerhalb der Kirche hatte. Der Nachruf in den „Salzburger Nachrichten" brachte dies auf den Punkt: „Wer spricht beim nächsten Lichtermeer, wer interveniert, wenn Flüchtlinge in ihre Verfolgerländer abgeschoben werden, wer fährt auf seinem Fahrrad zur Betriebsversammlung, wenn Entlassungen drohen, wer protestiert gegen budgetäre Kürzungen der Entwicklungshilfe?"

Florian Kuntner war sicher eine Ausnahmeerscheinung. Er passte in kein Schema. Sein Handeln war stark geprägt von seiner bäuerlichen Herkunft. Er wusste, wie mühsam es war, den Boden aufzubereiten, um säen zu können, und dass auch nicht jeder Samen sofort Frucht bringen musste, sondern manche Saat erst später reift. Dieses Wissen um „Säen und Ernten" hat ihn durch alle Höhen und Tiefen seines Lebens als Priester, Pfarrer und Bischof begleitet. In der gewissen Naivität und Blauäugigkeit, die ihm manchmal vorgeworfen wurde, lag aber auch seine Stärke. Er tüftelte nicht lange herum, ob die Umstände sich für eine Initiative als günstig erwiesen, ob eine Wortmeldung gerade dem Zeitgeist entsprach, sondern er handelte nach seinem Gefühl, vor allem aber aus Liebe zu den Menschen und zu seiner Kirche. Und das machte ihn für die Menschen glaubwürdig.

Unbewusst charakterisierte er sich in einem im Jahre 1988 an die Cursillistas gerichteten Brief selbst am besten: „Wenn wir uns fragen, wie Arglosigkeit und lebensfähige Klugheit zu vereinbaren sind, dann glaube ich, dass das richtige Band die Liebe sein wird, die nur Gutes, Schönes, Edles bewirken will. Liebe, die mit Arglosigkeit und Klugheit in der richtigen Mischung leben und handeln kann, das ist die Bergpredigt." – Florian Kuntners Leben und Handeln hatte die richtige Mischung.

Foto: Schachter

# Autoreninterview mit em. Weihbischof DDr. Helmut Krätzl

Während meiner Zeit als Redakteurin der Wiener Kirchenzeitung hatten sich die Wege von Florian Kuntner und mir kaum gekreuzt. Zwischen seinen Agenden, vor allem als Missionsbischof, und meinem Ressort (Familie, Medien, Kultur) gab es nur wenige Berührungspunkte. Verfolgt habe ich aber natürlich sein öffentliches Engagement. Es sprach mich an, dass hier ein Mann der Kirche stets zu offenen Worten fand, die nicht immer auf „Rom-Linie" lagen und dessen hervorstechendste Eigenschaften Fröhlichkeit und Spontanität waren.

Ich bin sehr dankbar dafür, dass ich die Zeit miterleben durfte, als die Kirche von Wien (und darüber hinaus) von den drei K's geprägt wurde – von Kardinal Franz König und seinen Weihbischöfen Helmut Krätzl und Florian Kuntner. Alle drei waren geprägt vom Zweiten Vatikanum und versuchten, jeder auf seine Weise, den Geist des Konzils zukunftsorientiert für die Kirche und vor allem für die Menschen umzusetzen.

Als ich begann, mich mit der Biografie von Florian Kuntner zu befassen, war daher einer meiner wichtigsten Gesprächspartner der emeritierte Weihbischof Helmut Krätzl. Gemeinsam haben er und Kuntner versucht, die Krisenzeit zu bewältigen, in welche die Kirche von Österreich in der „nachköniglichen" Ära geraten war. Als Mitbruder und Freund wusste Krätzl, wie Florian Kuntner unter der Rückwärtsentwicklung und gedanklichen Einengung litt. Wie sehr Florian

Kuntners Zielvorstellungen von einer lebendigen Kirche mit dem Gedankengut des jetzigen Papstes Franziskus übereingestimmt hätten, stand im Mittelpunkt des Interviews, das ich mit dem emeritierten Weihbischof Helmut Krätzl führte und für das ich ihm herzlich danke.

Ingeborg Schödl

*Florian Kuntner und Sie sind beide am 20. November 1977 zu Weihbischöfen der Erzdiözese Wien geweiht worden. Wo gab es vor- und nachher Gemeinsames?*
Zusammengetroffen sind wir bereits im Priesterseminar. Im letzten Jahrgang war ich einmal als Präfekt für die Klassen der jüngeren Seminaristen verantwortlich. Da habe ich Florian zum ersten Mal getroffen. Nach der Priesterweihe haben sich unsere Wege kaum gekreuzt. Nach meinem Autounfall war ich ja auch länger in Rom zum Studium. Näher kennengelernt haben wir uns dann ab 1969, vor allem bei der Wiener Diözesansynode und natürlich, als wir beide mit unseren Aufgabengebieten in der Zentrale am Stephansplatz gelandet sind.

*Für Florian Kuntner stand immer der Mensch im Mittelpunkt seines Tuns. Das zeigte sich in seinen unkonventionellen Wortmeldungen. Damit eckte er damals öfter an, doch aus heutiger Sicht decken sich manche seiner Aussagen mit jenen von Papst Franziskus.*
Florian hat nicht nur von einer geschwisterlichen Kirche geträumt, sie von anderen eingefordert, sondern vor allem selbst gelebt. Er hatte großen Respekt vor seinen Mitarbeitern und begegnete den Laien auf Augenhöhe. Die Sorge um

die Menschen war bei ihm stark ausgeprägt – nicht nur für jene in seinem unmittelbaren Umfeld. Er setzte sich darüber hinaus für soziale Gerechtigkeit, gegen Gewalt und Krieg, vor allem aber für die Menschenrechte ein. Mit vielen seiner Aussagen hätte er sich da sicher mit Papst Franziskus getroffen, für den auch der je einmalige Mensch im Mittelpunkt steht und der das Hinausgehen an die „Peripherien" einfordert, nicht nur geografisch, sondern existentiell.

*Würden sich Papst Franziskus und Florian Kuntner auch beim Thema „Lebendige Gemeinden" finden?*

Sicher, denn dem Aufbau solcher Gemeinden widmete Florian sein Leben. Er wusste, dass Kirche eine von Gott versammelte Gemeinde ist und diese nur lebt, wenn jeder und jede kraft der Taufe und Firmung als aktives Glied Mitverantwortung übernimmt. Kuntner konnte die Menschen zu einem lebendigen Christsein motivieren. Unter seiner geistlichen und menschlichen Begleitung fanden die Menschen Freude am Glauben und an der Kirche. Und niemand sollte sich davon ausgeschlossen fühlen oder ausgeschlossen werden. Auch das entspricht den Vorstellungen von Papst Franziskus, der Kirche als ein Haus mit weit geöffneten Türen sehen will und daher fordert, dass die Pastoral in den Gemeinden neu überdacht werden muss.

*Bischof Kuntner stellte in einem Vortrag Anfang der 1990er-Jahre fest, dass die Meinungsfreiheit in der Kirche nach dem Konzil größer war, als sie sich drei Jahrzehnte danach zeigt. Wie schaut das heute im 21. Jahrhundert aus?*

Sicher waren die gegebenen Möglichkeiten, über anstehende Fragen zu reden, gleich nach dem Konzil groß. Vielleicht haben wir dies auch nicht so genützt, oder auch gespürt, da ein Großteil von uns noch sehr „romhörig" aufgewachsen ist. Es hat nur – und das wird Kuntner gemeint haben – unter Johannes Paul II. sowie Benedikt XVI. eine starke Zentralisierung zugenommen. Auch eine Rückwärtstendenz gegenüber Konzilsaussagen. Es gab Themen, über die nicht mehr gesprochen werden durfte, zum Beispiel den Zölibat und die Frauenordination. Florian Kuntner hat aber gerade diese Fragen für die Zukunft der Kirche für sehr wichtig erachtet und diese auch, trotz Kritik aus Rom, öffentlich angesprochen. Auch hier beginnt sich unter dem jetzigen Papst das Blatt zu wenden, denn auch er spricht selbst bisherige „heiße Eisen" immer wieder an. Auch Kardinal Christoph Schönborn hat unlängst öffentlich gesagt, dass man nun in Rom freier reden kann.

*Florian Kuntner ging es immer um die Erneuerung der Kirche. Er warnte davor, dass die Kirche Gefahr läuft, zur Mumie zu werden, wenn der Heilige Geist als Lebensprinzip zu wenig beachtet wird. Wie sehen Sie das?*

Florian Kuntner kämpfte stets für eine Kirche, die die Zeichen der Zeit erkennt, die den Dialog mit der Welt aus der Zuversicht des Glaubens, aber auch im Respekt vor anderer Meinung führt. Eine Kirche, die möglichst alles ablegt, was nach Herrschaft aussieht. Auch für Papst Franziskus kümmert sich die Kirche oft zu sehr um sich selbst und er warnt vor der Tendenz zur Selbstbewahrung. Er verweist auch auf die trotz des Konzils noch bestehenden Versäumnisse hin und drängt auf deren Aufarbeitung. Ich glaube nicht, dass die Gefahr gegeben ist, dass die Kirche zur Mumie wird. Der Heilige Geist ist da und er ist spürbar. Gerade vom jetzigen Papst ist da noch vieles zu erwarten.

*Könnte man sagen, dass die Offenheit eines Papst Franziskus dem Lebensgefühl Florian Kuntners entsprochen hätte?*
Ja, das kann man sagen. Er hätte sich gefreut über einen Papst Franziskus, weil dessen Aussagen seiner Liebe zur Kirche und zu den Menschen entsprochen hätte.

# Lebenslauf von Weihbischof Florian Kuntner

| | |
|---|---|
| 22. März 1933 | Geboren in Kirchberg am Wechsel/Niederösterreich |
| 1939–1945 | Volksschule u. 1. Klasse Hauptschule in Kirchberg |
| 1945–1952 | Gymnasium in Hollabrunn, Aufenthalt im Erzbischöflichen Seminar, Abschluss mit Matura |
| 1952–1957 | Priesterseminar der Erzdiözese Wien, Studium der katholischen Theologie an der Universität Wien |
| 29. Juni 1957 | Priesterweihe im Dom zu St. Stephan durch Erzbischof Franz König |
| 1957–1958 | Kaplan in Gerasdorf bei Wien |
| 1958 | Kaplan in Atzgersdorf |
| 1958–1960 | Kaplan in Puchberg am Schneeberg |
| 1960–1962 | Studienpräfekt im Erzbischöflichen Seminar Hollabrunn |
| 1962–1971 | Pfarrer in Piesting |
| 1964–1967 | Mitprovision der Pfarre Dreistetten |
| 1968 | Mitprovision der Pfarre Steinabrückl |
| 1969–1987 | Bischofsvikar des Vikariats „Unter dem Wienerwald" (Vikariat Süd) |
| 1971–1987 | Dompropst der Propstei- und Hauptpfarre Wiener Neustadt |
| 1973–1976 | Dechant des Dekanats Wiener Neustadt-Stadt |
| 30. Sept. 1977 | Ernennung zum Weihbischof der Erzdiözese Wien |
| 20. Nov. 1977 | Bischofsweihe durch Kardinal Franz König im Dom zu St. Stephan, gemeinsam mit Helmut Krätzl |
| 13. April 1980 | Ernennung zum Nationaldirektor der Päpstlichen Missionswerke für Österreich |
| 1. Sept. 1985 | Ernennung zum Domherrn zu St. Stephan in Wien |
| 27. März 1987 | Ernennung zum Bischofsvikar für Mission und Entwicklungshilfe in der Erzdiözese Wien und Leiter des Amtes (später Referates) für Mission und Entwicklungshilfe |
| 30. März 1994 | Gestorben in Wien, begraben in der Domherrengruft zu St. Stephan |

# Aufgaben Florian Kuntners im Rahmen der Österreichischen Bischofskonferenz

1. **Auf gesamtösterreichischer Ebene zuständig für die kirchlichen Erneuerungsbewegungen:**
   - Charismatische Gemeindeerneuerung
   - Bewegung für eine bessere Welt
   - Cursillo-Bewegung
   - GCL – Gemeinschaften christlichen Lebens
   - Fokolar-Bewegung
   - Katholische Glaubensinformation
   - Neokatechumenat
   - „Marriage Encounter"
   - „Equipes Notre Dame"
   - Action 365
   - Wüstenbewegung/Franziskusgemeinschaft
   - Franziskanische Gemeinschaften

2. **Zwischen Österreichischer Bischofskonferenz und Weltkirche:**
   - Koordinierungsstelle der Österreichischen Bischofskonferenz für Internationale Entwicklung und Mission (KOO) – Vorsitzender
   - Päpstliche Missionswerke Österreich – Nationaldirektor
   - Missions-Verkehrs-Arbeitsgemeinschaft (MIVA) – Referent
   - Afro-Asiatisches Institut Wien (AAI) – Vorsitzender des Kuratoriums
   - Österreichischer Entwicklungsdienst (ÖED) – Referent
   - Institut für Internationale Zusammenarbeit (IIZ) – Vorsitzender des Kuratoriums
   - Katholische Jungschar Österreichs/Dreikönigsaktion – Referent
   - „Distributio cleri" – Referent

3. **Friede, Menschenrechte, Soziale Gerechtigkeit:**
   - Österreichische Kommission „Iustitia et Pax" – Präsident
   - Österreichische Sektion „Pax Christi" – Präsident
   - „Christian Solidarity International" (CSI) – Vizepräsident

## Florian-Kuntner-Preis

Alle zwei Jahre wird vom Referat Weltkirche, Mission und Entwicklungsförderung der Erzdiözese Wien der „Florian-Kuntner-Preis" vergeben. Im Sinne des Weihbischofs soll durch diesen Preis vorbildliches Engagement für eine solidarische Weltkirche und globale Gerechtigkeit gewürdigt und für eine breite Öffentlichkeit sichtbar gemacht werden.

# Quellen und Literatur

### Literaturverzeichnis
Edlinger, Franz / Giglinger, Fritz: *Florian Kuntner – Knospen im Winter der Kirche*, Mödling 1996

Ferstl, Franz: *Von der Betroffenheit zur Partnerschaft*, hg. vom Arbeitskreis Dritte Welt, Wiener Neustadt

Giglinger, Fritz: *Florian Kuntner. Ein Bischof mit Herz für die Menschen*, in: Mikrut, Jan (Hg.): *Faszinierende Gestalten der Kirche Österreichs*, Wien 2003

Körner, Maria (Hg.): *Voll ist mein Herz mit Leben. Florian Kuntner – Bilder einer Reise nach Hirina*, Mödling 2000

Krätzl, Helmut: *Das Konzil – ein Sprung vorwärts. Ein Zeitzeuge zieht Bilanz*, Innsbruck-Wien 2012

Krätzl, Helmut: *Mein Leben für eine Kirche, die den Menschen dient*, Innsbruck-Wien 2011

Kuntner, Florian / Cascales, Josef G.: *„Das Wort Gottes ist nicht gefesselt." Briefe an Cursillistas*, Klagenfurt / Wien 1996

Kuntner, Florian: *Leben in Freiheit*, Salzburg 1993

Kuntner, Florian: *Christliche Haltungen* (Tugenden) HEUTE, 1992

Maurer, Peter: Masterarbeit *„Bildungszentrum St. Bernhard: 40 Jahre Erwachsenenbildung. Zwischen kirchlichem Anspruch und gesellschaftlicher Entwicklung. Eine Programm-Analyse"*, 2007

Schödl, Ingeborg: *Vom Aufbruch in die Krise. Die Kirche in Österreich ab 1945*, Innsbruck-Wien 2011

*Stolpersteine*. Festschrift zum 60. Geburtstag von Weihbischof Florian Kuntner, hg. von Gerhard Bittner und Josef Mann, Wien 1993

### Archive
Archiv des Vikariats „Unter dem Wienerwald"– Erzdiözese Wien

Diözesanarchiv – Erzdiözese Wien (Unterlagen Florian Kuntner)

Kathpress Online Archiv 1988–1994

Nachlass Sr. Elisabeth Graf CS † (Sekretariat Florian Kuntner)

Privatarchiv Gerhard Bittner – Nachlass Florian Kuntner

Privatarchiv Ingeborg Schödl: Gebundene Bände der Wiener Kirchenzeitung 1986–1994

## Gesprächspartner

Ich danke allen nachfolgend angeführten Gesprächspartnern, die mir anhand ihrer persönlichen Erfahrungen mit Florian Kuntner wertvolle Informationen geben konnten.

Dr. Paul Aiginger
Gerhard Bittner
Dr. Irene Brix
Diakon Franz Ferstl
Dechant Ernst Freiler
Pfarrer Friedrich Frühwirth
Prälat Franz Führer
Dr. Johannes Giessrigl
Sr. Elisabeth Graf CS †
P. Franz Helm
Dechant Josef Kantusch
Weihbischof DDr. Helmut Krätzl
Prof. Erich Leitenberger
Christl Mayerhofer
P. Jakob Mitterhöfer SVD
Peter Musyl
Dr. Helmut Ornauer
Diakon Helmut Schriffl

# Personenregister

# Die Biografie der Pionierin für Mission und Medizin

**Ingeborg Schödl**
**Das Unmögliche wagen**
**Anna Dengel – Ärztin,**
**Missionarin, Ordensgründerin**
160 Seiten, 12 farb. u. 42 sw. Abb.
geb. m. SU
ISBN 978-3-7022-3327-3

Die beeindruckende Biografie einer starken Tirolerin: Sie kam vom „Ende der Welt" und ging in die Welt. Anna Dengel (1892–1980) war eine Frau, die unbeirrt und konsequent ihre Ziele verfolgte. Sie besuchte die Schule in Hall in Tirol, studierte in Irland Medizin, arbeitete in Indien als Ärztin und gründete in Amerika die „Gemeinschaft missionsärztlicher Schwestern". Ein ungewöhnlicher Lebenslauf zu einer Zeit, als Kirche und Gesellschaft überwiegend von Männern dominiert wurden.